Vom Stammtisch
zum Yukon

Joachim Rintsch

VOM STAMMTISCH ZUM YUKON

1000 Meilen beginnen
mit dem ersten Schritt

Engelsdorfer Verlag
Leipzig
2014

Bibliografische Information durch die
Deutsche Nationalbibliothek:
Die Deutsche Nationalbibliothek verzeichnet diese
Publikation in der Deutschen Nationalbibliografie;
detaillierte bibliografische Daten sind im Internet über
http://dnb.dnb.de abrufbar.

ISBN 978-3-95744-326-7

Inhalt

Anmerkung des Autors 6

Die Entwicklung.. 7

Die Idee.. 9

Die Vorbereitung (das kürzeste Kapitel)...................... 11

Der Start zum Abenteuer..................................... 12

Die Reise ins Ungewisse..................................... 13

1000 Meilen beginnen mit dem ersten Schritt................. 16

Der richtige Weg 19

Checkpoint 101 Miles.. 21

Ein hartes Stück Arbeit 24

Allein auf dem Trail 27

Der lange Marsch auf dem Eis................................ 31

Onkel Toms Hütte.. 33

Wieder auf dem Trail 36

Zeit für Gedanken... 39

Die nächste Hütte 42

Sechs Tage und Nächte auf dem Yukon River.............. 45

Halbzeit.. 56

In vertrauten Gefilden 62

Auf zur Pelly Farm.. 70

Auf nach Braeburn... 95

Die letzten Meilen bis ins Ziel..............................113

Quellennachweis...124

Bilder, die mich bewegten...................................125

Anmerkung des Autors

Die Natur war schon von Kindheit an meine größte Leidenschaft. In den Wäldern oder in Bächen und Flüssen war ich nach der Schule immer zu finden.

Mit dem Älterwerden lässt dies manchmal nach, aber das war bei mir zum guten Glück nicht der Fall. Trotz anderer Hobbys und dem wachsenden Interesse am „anderen" Geschlecht konnte und wollte ich die Natur nicht im Stich lassen. Ich wusste damals schon, dass der Mensch zur Natur dazugehört. Ich habe auch in all den Jahren gelernt, sie zu respektieren und zu achten.

Bis zum heutigen Tage hat sich meine Meinung nicht geändert und ich bin darüber sehr glücklich. Ich kann auch schon zum jetzigen Zeitpunkt sagen, dass sich meine Ansicht diesbezüglich nicht ändern wird.

Das Leben im Einklang mit der Natur ist für mich zur wichtigsten Aufgabe geworden und ich werde sie als Botschaft an meine Mitmenschen weitergeben.

Die Entwicklung vom Stammtischbruder zum Abenteurer und Extremsportler

Ich, Joachim Rintsch, geboren im November 1959 in Möhringen, bekam vor knapp zwanzig Jahren den Drang, meinen geliebten Stammtisch zu verlassen und meine Füße in die Laufschuhe zu zwängen.

Wie das eben so mit dem Sport ist, kann es auch zur Sucht werden, wenn ein erfahrener Läufer ein Lob ausspricht und einem ins Ohr flüstert: „Super Leistung für das, was du früher so alles getrieben hast. Wenn du jetzt noch mit dem Rauchen aufhörst, wird noch ein guter Läufer aus dir." – Na ja, dachte ich mir, darüber kann man streiten.

Aber wie das Leben so spielt, bin ich wirklich zum Läufer geworden und habe auch großes Vergnügen daran gefunden, auch als Raucher.

Nach ein paar Jahren Laufen kam eine weitere Sportart hinzu, das Radfahren, und da ich schon längere Zeit vorher als Motorrad fahrender Taucher unterwegs gewesen war, war es bis zum Triathlon nicht mehr weit.

Nach vielen Läufen, von zehn Kilometern Länge bis hin zum Marathon, begann ich mit meinem ersten Triathlon: 500 Meter schwimmen, dann 28 Kilometer Rad fahren und zum Schluss fünf flache Kilometer laufen.

Überraschenderweise bin ich gleich im Mittelfeld gelandet und dies auch noch schmerzfrei. Bis auf ein leichtes Brennen im Hals, was nach einem Schluck kühlem Gerstensaft sofort verschwand.

So hatte ich mir also diese „Seuche" des Laufens eingefangen, die in den Kinderschuhen begonnen hatte und sich allmählich zur XL-Distanz auswuchs. Nein, sogar zur XXXL-Distanz, dem Triple-Ultra-Triathlon.

Um mich war es nun geschehen, ich hatte, wie man im Volksmund sagt, „Blut geleckt".

Von nun an hatte ich meine Richtung eingeschlagen, die langen Distanzen waren ab jetzt meine Welt. Es begann mit dem Wüstenlauf, dem Marathon des Sables in Marokko, 235 Kilometer durch die Sahara. Zwischendurch 100-Kilometer-Läufe in Biel, in der Schweiz, die WM und EM im Triple-Ultra-Triathlon, das heißt 11,4 Kilometer schwimmen, 500 Kilometer Rad fahren und 126 Kilometer laufen. In Australien bei der Crocodile Trophy geht es 1500 Kilometer durchs australische Outback, an dieser Tour habe ich auch erfolgreich teilgenommen. Als Versuchskaninchen war ich mit von der Partie, als ich die Taklamakan Wüste 520 Kilometer in China, auf der teuersten Straße der Welt, durchquerte. Als Wochenendtrip umrundete ich den Bodensee, 185 Kilometer in 18 Stunden nonstop im Dauerlauf.

2004 kam ich durch Zufall zu einem Abenteuer-Event, das mich für die Zukunft fesseln sollte. Es ist wohl das kälteste und härteste „Ultra-Rennen" der Welt. Gemeint ist der Yukon Arctic Ultra (YAU) mit über 300 Meilen. Ein Nonstop-Rennen, das einem wirklich alles abverlangt. Aber dazu komme ich später.
Zwischendurch genehmigte ich mir noch einen persönlichen Event in Form eines Triathlons. Ich durchschwamm im Juni 2010 den Bodensee von Konstanz nach Bregenz, 44 Kilometer in 21 Stunden, fuhr mit dem Rad 1800 Kilometer nach Österreich, Italien bis in die Schweiz. Dort stieg ich vom Rad und rannte noch zirka 375 Kilometer bis in meinen Heimatort Möhringen. Der Anlass für diesen Trip war der Besuch der Partnerstädte von Möhringen wie Waidhofen an der

Ybbs in Österreich, Battaglia Terme in Italien und zu guter Letzt Bischofszell in der Schweiz.

Bei fast allen Abenteuern, die ich hier aufgezählt habe, ging es um bare Münze. Die wanderte natürlich nicht in meine Tasche, sondern in zwei Projekte, für die ich mich stark mache und zwar rund um den Globus. Es ist einmal die Fanconi-Anämie und die Nepalhilfe, wo ich auch schon ein halbes Jahr vor Ort mitgearbeitet habe.

Dies ist ein kleiner Einblick in meine Abenteuerwelt, die nun erst richtig beginnt, auch wenn ich das Rauchen immer noch nicht aufgegeben habe.

Die Idee

Ich hatte bereits mehrmals erfolgreich am YAU, dem Yukon Arctic Ultra-Lauf in Kanada, teilgenommen, als mir beim fünften Mal während des Laufens die Idee kam, einmal die ganze Yukon Quest Strecke im Alleingang zu meistern. Der Gedanke wurde mit jedem Schritt in Richtung Dawson City stärker und intensiver.

Ich hatte viel Zeit, über so ein Abenteuer nachzudenken. Oder sollte man es als eine Expedition bezeichnen? Oh nein, lieber nicht, das hört sich so geschwollen an. Zudem ich die tausend Meilen ohne Tamtam und riesigen Zirkus laufen wollte, denn dieser ganze Aufwand ist ja reichlich überflüssig.

Aber schließlich war es nur eine Idee, die ich auf der langen Strecke bis nach Dawson City in meinem kühlen Kopf wälzte.

Im Ziel angekommen und in der Hotelbar ein, zwei Bierchen getrunken, war diese Idee noch immer nicht fort. Im Gegenteil, sie gefiel mir mit jedem Bierchen mehr und mehr. Doch zunächst musste ich erst mal ins

Bett, um mich von dem 420 Meilen langen Fußmarsch, das sind etwa 670 Kilometer, zu erholen.

Bei der Rückfahrt zum Ausgangspunkt Whitehorse war dann der Gedanke wie weggeblasen. Ich war ganz und gar mit dem Event beschäftigt und ließ ihn mir im Schnelldurchgang durch den Kopf gehen und freute mich auf die Abende mit Freunden und anderen Teilnehmern.

Nach drei lustigen Tagen Whitehorse, die wir nach der Tortour redlich genossen, stand auch schon der Rückflug nach Deutschland auf dem Programm. Am Donnerstag um sieben Uhr ging die Maschine zurück in meine Heimat und auf dem Rückflug hatte ich noch mal genügend Zeit, mein Hirngespinst zu durchdenken oder zumindest davon zu träumen.

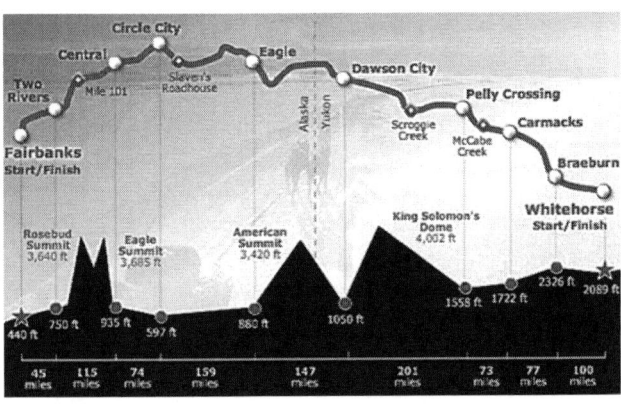

Gesamtstrecke Fairbanks (Alaska) – Whitehorse (Kanada).

Die Vorbereitung (das kürzeste Kapitel)

Nach elf Monaten Dornröschenschlaf erwachte in mir wieder die Idee vom letzten Jahr, die 1000 Meilen zu marschieren und meine „Wellness-Oase" Yukon zu besuchen. Das Fernweh in den Yukon, mit seiner eisigen Kälte und der mystischen Ruhe und Einsamkeit, wurde von Tag zu Tag stärker und die Zeit wurde immer knapper.

Lächerliche vier Wochen hatte ich noch, um alle wichtigen und unwichtigen Dinge zu erledigen, weshalb ich die unwichtigen zunächst auf unbestimmte Zeit verschob.

Ich musste jetzt erst mal meine Frau Uli über mein Vorhaben einweihen, das mir im Kopf rumschwirrte. Ich war gespannt wie ein Hosenträger, oder noch schlimmer, wie beim ersten Kuss in meiner Jugendzeit.

Dann wollte ich meinen Arbeitgeber und die Kollegen informieren, schließlich würde ich bald knappe sieben Wochen unerreichbar sein.

Alles lief besser, als ich gedacht hatte und ich bekam von allen Seiten das Okay.

Nun musste ich noch auf die Schnelle einen günstigen Flug finden, eine Fahrgelegenheit nach Frankfurt suchen und dann konnte es losgehen.

Dieser knallharte Trip würde keine kulinarische Winterreise werden, mit fruchtigem Glühwein und edlem Teegebäck, die durch eine lauschige Märchenlandschaft führte, sondern ein hartes Stück Arbeit.

Der Start zum Abenteuer

Dann war es endlich soweit, am 30. Januar 2010 ging mein Flug von Frankfurt über London und Vancouver nach Whitehorse in Kanada. Nach dreizehn Stunden Flugzeit landete ich nachts um zehn nach eins in Whitehorse, wo mich mein Freund Mike Simon aus Whitehorse schon erwartete und mich mit zu sich nach Hause nahm. Dort machten wir uns noch ein paar Gedanken über mein nicht alltägliches Vorhaben, überlegten, was wir noch zu erledigen hatten und gingen nach dem theoretischen Durchchecken ins Bett (natürlich jeder für sich).

Nachdem ich meinen Ultra-Kurz-Schlaf beendet hatte, ging es weiter mit dem Organisieren. Ich hatte noch keine Mitfahrgelegenheit nach Fairbanks, Alaska, wo ich starten wollte. So klapperten Mike, Thomas aus der Schweiz und ich ganz Whitehorse ab, um eine Fahrgelegenheit zu finden.

Kein Taxi, kein Bus, kein Flug, nicht einmal irgendein Musher – jemand, der einen Hundeschlitten lenkt – hatte noch Platz für mich und Helene, so hieß meine Pulka, der Transportschlitten. Ein Leihwagen wäre noch die einzige Alternative gewesen, wenn der nicht so teuer gewesen wäre. Für diesen Preis hätte ich noch mal nach Kanada fliegen können. Also hatte sich der Mietwagen auch erledigt. Auch andere Freunde und Bekannte aus Whitehorse hatten zu meinem Termin keinerlei Möglichkeit, mich nach Alaska zu bringen.

Hätte ich mir für mein Abenteuer ein anderes Land, wie zum Beispiel Nepal, ausgesucht, dann hätte ich mir eine Rikscha mit Fahrer gemietet.

Ich fing an, mir so langsam Sorgen um meinen Transfer nach Fairbanks zu machen. Sollte ich vielleicht den

Quest ab Whitehorse beginnen, was überhaupt nicht meiner Planung entsprach? Doch dann hätte ich wenigstens genug Zeit, mich in aller Ruhe um ein paar Kleinigkeiten zu kümmern, wie Lebensmittel und Kartenmaterial.

Nach drei Tagen kam Mike gegen zweiundzwanzig Uhr nach Hause und überbrachte mir die freudige Botschaft, dass am nächsten Morgen um halb sieben Uhr ein Kleinbus nach Fairbanks fahre und ich noch Platz zum Mitfahren hätte. Jetzt ging es endlich los, ich konnte es ohnehin kaum noch erwarten, auf den Trail zu kommen. In Windeseile packte ich mein ganzes „Gerödel" zusammen und verstaute es im Auto von Mike, damit ich um sechs Uhr in aller Ruhe zur Busstation fahren konnte. Alles war gepackt und eingeladen und somit war auch noch Zeit für ein Bierchen und zwei, drei Telefonate. Ich wollte meinen kanadischen Freunden schließlich auch noch Tschüss sagen, wer weiß, was noch alles auf mich zukommen würde.

Die Reise ins Ungewisse

Am Mittwoch, den dritten Februar, war um sechs Uhr die Welt noch in Ordnung.
Das war mein erster Gedanke, nachdem ich aufgewacht war. Nach einer Tasse Kaffee fuhr ich mit Mikes Auto zur Busstation. Die Straße war um diese Zeit noch spiegelglatt und das Auto, ein Subaru, war ich nicht gewohnt. Also hieß es langsam fahren, ich hatte schließlich in den nächsten Wochen etwas anderes vor, als im Straßengraben zu liegen.
Nach zwanzig Minuten Fahrt kam ich an ein kleines Blockhaus mitten in Whitehorse, das die sogenannte

Busstation war. Ein Kleinbus mit neun Sitzplätzen stand mit laufendem Motor davor, ergo war ich richtig. Ich parkte das Auto und ging ins Haus, als ob ich hier wohnen würde. Dies ist hier anscheinend ganz normal. Die Begrüßung kam kläffend auf mich zugerannt und verlangte nach morgendlichen Streicheleinheiten. Zu meinem Bedauern wollte die nur der Hund, die junge Dame, die auch noch im Wohnzimmer saß, blieb ziemlich distanziert.

Ein paar Minuten später kam noch eine Überraschung zur Tür herein, es war Kim, die sich von mir verabschieden und mir viel Glück für meine Tour wünschen wollte. Kim kenne ich schon seit meinem ersten Besuch 2004 in Whitehorse.

Um sieben Uhr gingen wir zum Bus, um die Fahrt anzutreten. Nach der Verabschiedung von Kim, meinem Engel vom Yukon, ging es auf die tausend Kilometer lange, verschneite und vereiste Strecke in Richtung Alaska. Von einem hohen Verkehrsaufkommen konnte man auf der ganzen Strecke nicht reden, manchmal schien es mir, als ob die Straße für den öffentlichen Verkehr gesperrt war. Nach fünf Stunden kurzweiliger Fahrt auf dem Highway kamen wir an die amerikanische Grenze, wo ich die Lust auf Alaska hätte verlieren könnte. Nicht wegen meines Aussehens, nein, vielmehr wegen meines Gepäcks. Ich hatte zwar keine Schmuggelware oder Drogen dabei, aber einige kuriose Geschenke von Freunden und Bekannten. Dadurch waren die Grenzbeamten nicht besonders entgegenkommend, also rechnete ich mit einer größeren „Kugelfuhr".
Der Driver wollte meinen Reisepass sehen und gab ihn dann dem Grenzbeamten mit ein paar spöttischen Wor-

ten, dem Lächeln nach zu urteilen. Der Zollbeamte bat mich in sein Büro, um die Formalitäten zu absolvieren, das Übliche: Fingerabdrücke, Augen scannen und das Allerwichtigste – ein paar Dollars abkassieren. Dann kam der Hammer, er verabschiedete sich mit Handschlag, schenkte mir einen aktuellen Aufnäher vom Yukon Quest, dem härtesten Schlittenhunderennen der Welt, und wünschte mir alles Gute, und seine Kollegin lächelte mich an und zeigte mir den „Vogel" mit den Worten: „Oh mein Gott, du bist nicht normal." Wozu ich keinen Widerspruch leistete, schließlich hatte sie ja recht.

Mit der Feststellung, dass hier oben in Alaska alles etwas anders abläuft, war jetzt auch das erledigt. Ich kam der Stadt Fairbanks[1] immer näher und es wurde auch schon langsam dunkel. Um 19:30 Uhr hatten wir unser Ziel erreicht, die kleine Busstation inmitten der Stadt.
Nach dem Ausladen verabschiedeten wir uns voneinander und dann ging für mich die Suche nach einer Bleibe los. Ich schnallte mir mein „kleines Eigenheim" – meinen Rucksack – um und zog planlos durch die Straßen von Fairbanks. Im ersten Augenblick kam ich mir wie ein Obdachloser vor, was nichts Schlechtes heißen soll. Nach ungefähr fünfzehn Minuten Umherirren wurde ich aber schon fündig: Ich sah einen riesigen Kasten von Hotel mit humanen Preisen. Was will „Mann" mehr. Nach dem Einchecken ging es zum Essen, es war ein langer Tag heute gewesen. Ich wollte

---

[1] Fairbanks ist nach Anchorage die zweitgrößte Stadt im US-Bundesstaat Alaska und die größte Stadt im Hinterland. Sie wurde von Goldgräbern aus dem Klondike 1902 gegründet. Fairbanks liegt auf 136 Metern Meereshöhe und am Chena River, hier leben um die 36 000 Einwohner. Fairbanks ist Start- oder Zielpunkt (je nach geradem oder ungeradem Jahr) des Yukon Quest. Dieses Jahr war es mein Startpunkt. Fairbanks ist außerdem die siebtkälteste Stadt der Welt. Die tiefste je gemessene Temperatur betrug Minus 54,4 °C, die höchste 22 °C.

noch ein Festmenü genießen, mit ein paar Gläschen Gerstensaft für einen angenehmen Schlaf.

Am anderen Morgen traf ich nach dem Frühstück Sui und Tina. Sui hatte ich schon auf dem Flug nach Whitehorse kennengelernt, die beiden begleiteten das Schlittenhunderennen, den Yukon Quest. Er bot mir an, mich zum Start meines Abenteuers zu fahren, was ich natürlich gerne annahm. Eine halbe Stunde später saßen wir vier – Tina, Sui, Helene, meine Pulka, und ich – im Jeep und fuhren zu meinem Ausgangspunkt. Dort angekommen machte ich „die schöne Helene" startklar und mich natürlich auch, denn ich war ja bei dieser Tour der Husky, der den Schlitten zieht.

Helene war vollgepackt bis an den Rand mit allem nötigen Hausrat. Angefangen bei einem warmen Schlafsack über die Isomatte, einen Benzinkocher, Ersatzkleidung bis hin zu verschiedenen Lebensmitteln.

Nachdem einige Bilder geknipst, ein Filmchen gedreht und noch eine Zigarette im Stehen geraucht worden waren, verabschiedeten wir uns voneinander.

Ich ging auf meine unbekannte Reise in Richtung Whitehorse und Tina und Sui in Richtung Fairbanks zum Yukon Quest.

1000 Meilen beginnen mit dem ersten Schritt

Es war elf Uhr morgens. Ab jetzt war ich auf mich allein gestellt, ich wusste nicht, wann ich wieder einen Menschen sehen würde. Ich aktivierte meinen Spot, damit man mich zu Hause am Computer verfolgen konnte. Der Spot ist ein GPS-Gerät mit verschiedenen Funktionen, eine zur Info, dass bei mir alles in Ordnung ist, und die andere für den Notfall. Wenn ich diesen Knopf drücke, wird über Satellit eine Verbundwarte alarmiert, die sofort Hilfe zu mir organisiert. Meine Standortkoordinaten werden mitgesendet, sodass es nach meinen Schätzungen zwei bis drei Tage dauern könnte, was ja hier keine Zeit ist. Denn wenn die Teams der Schlittenhund-Gespanne an mir vorbeigefahren waren, konnte es lange dauern, bis ich wieder jemandem begegnen würde. Schon nach wenigen Schritten überfiel mich blitzartig das Gefühl, der glücklichste Mensch im Yukon zu sein. Der Trail war einfach wie für mich geschaffen, die strahlende Sonne zeigte mir den richtigen Weg. Es war für mich überwältigend. Es dauerte ein paar genussvolle Kilometer, bis alles am richtigen Platz saß, angefangen vom vier Zentimeter breiten Bauchgurt von Helene bis hoch zu meiner warmen Kopfbedeckung. Ich glaube, ich war zu diesem Zeitpunkt der bestgekleidetste Athlet auf dem Trail.

Am frühen Mittag bekam ich dann einen weniger willkommenen Besuch, der mich auf meinem langen Weg bis zum Schluss begleiten würde, er nannte sich Gegenwind. Ein Begleiter, auf den man jederzeit verzichten kann. Der Wind wurde immer heftiger und kälter. Ich dachte mir, das fängt ja gut an, wenn der mich bis Whitehorse begleitet, dann Prost Mahlzeit.

Gegen 17 Uhr hatte er es geschafft, mir die Lust am Laufen zu nehmen, zumindest für den heutigen Tag. Der Trail, der eine Kiesgrube querte, war völlig schneefrei, der kräftige Wind hatte ganze Arbeit geleistet.

Na gut, sagte ich mir, dann soll es halt so sein. Ich schlug kurzerhand mein Biwak auf und harrte der Dinge. Ich hatte ja genug Zeit zum Warten, ich war nicht auf der Flucht oder bei der Arbeit. Im Gegenteil. Und ich wollte auch nicht schon am ersten Tag meiner Tour alles Pulver verschießen, und außerdem mussten sich mein Geist und Körper erst mal an das kommende Umfeld gewöhnen.

Ich lag in meinem kuscheligen Daunenschlafsack bis zum anderen Morgen um neun Uhr. Geweckt wurde ich von zwei Motorschlitten, die den Trail gerade passierten. Ich musste wohl eingeschlafen sein und hatte es nicht gemerkt. So was kommt schon mal vor. Ich schmunzelte über mich, ach nein, ich lachte frei heraus. Da pennt man ein und kriegt überhaupt nicht mit, was um einen herum passiert. Ich hatte sogar das Essen und Trinken verschlafen. Egal, das konnte ich alles nachholen, wenn sich der Magen melden würde.

Jetzt wurde es aber langsam höchste Zeit „Gas zu geben", dies sollte ja keine Kaffeefahrt werden. Also zog ich noch schnell einen Krauser – eine Zigarette – in den Kamin, bevor ich mein Biwak abbaute und mich wieder auf den Trail begab.

Nachdem ich Helene durch die Kiesgrube mehr oder weniger mit Gewalt geschleift hatte, kam endlich der hervorragend präparierte Trail.

Eine wunderbare mystische Landschaft offenbarte sich mir, und dies sollte für die nächsten Wochen mein zu Hause sein. Mit jedem Schritt, den ich auf dem Trail in Richtung Whitehorse machte, das „nur" noch knappe 1600 Kilometer von mir entfernt war, näherte ich mich dem Ursprung der Indianer. Ich spürte von Stunde zu Stunde, wie mein Kopf freier wurde, wie sich meine Energie mehr und mehr steigerte. Ich strotzte vor Kraft und vollster Zufriedenheit, ich kam der Natur immer näher. Das Gefühl, allein zu sein auf dieser wunderschönen Welt, überkam mich; hier war kein Stress, kein Straßenverkehr, keine Handys, keine Hektik und nichts von dem, was wir im Alltag so alles abbekommen. Das ist Einsamkeit. Das Gefühl wurde stärker und stärker. Ich wusste, dass ich nach ein paar Tagen und Nächten dazu gehören würde, zur Natur, wo wir Menschen auch hingehören.

Der richtige Weg

„Der Wind, der Wind, das himmlische Kind …", so lernte ich vor vielen Jahren das Märchen kennen. Aber ein Märchen, wie man den Wind abstellen kann, hatten die Lehrer damals vergessen uns Kindern vorzulesen.

Nun gut, was soll's, ich nehme ihn jetzt als Freund, vielleicht dreht er dann seine Richtung.
Tag für Tag näherte ich mich dem ersten großen Berg, dem Rosebud Summit mit einer Höhe von 1109 Metern und einem sich in die Länge ziehenden Anstieg, der zunehmend steiler wird. Bei einer Affenkälte von minus 33 Grad Celsius zeigte sich ein bezaubernder mit Schnee bedeckter Höhenzug, der sich über mehrere hundert Meter in Richtung Osten zog. Es war der erste beeindruckende Moment auf meiner Tour und es sollte nicht der letzte bleiben. Bizarre Eisblumen umhüllten jeden ausgetrockneten Strohhalm, jeden blattlosen Strauch und auch die trockenen, nüchternen Trailmarker, die Wegweiser. Jetzt fehlte nur noch eine junge, reizende Schneeprinzessin, dann wäre das Märchen perfekt gewesen. Denn ein verdammt gutaussehender Prinz mit einer purpurroten Pulka wartete schon auf sie.
Eine Prinzessin ist mir zwar nicht erschienen, aber dafür eine kleine Herde Karibus mit acht prächtigen Exemplaren, die genauso erstaunt waren wie ich. Sie zeigten keine große Scheu mir gegenüber, vielleicht sahen sie mir an, dass ich fast ein Vegetarier bin und ein Karibu

für mich alleine einfach zu groß zum Verzehren ist. Ich blieb natürlich stehen und genoss den Anblick der friedlichen Tiere und schoss einige Fotos.

Karibus beim Äsen.

Diese Rast hatte aber auch noch einen zusätzlichen Vorteil für mich. Ich erholte mich ein wenig und schöpfte Kraft, schließlich hatte ich einen nicht ganz einfachen Anstieg hinter mir. – Die Herde bewegte sich mit eleganten Schritten durch den knietiefen Schnee in Richtung Tal und ich folgte ihr auf leisen Sohlen wie ein alter Indianer. Wir hatten das gleiche Ziel und das war das windgeschützte Tal. Nach dieser herrlichen Begegnung und einer fantastischen und märchenhaften Aussicht über das grenzenlose Land, fiel es mir nicht sonderlich schwer, wieder auf ebenem Boden zu gehen und den ersten Checkpoint des Schlittenhunderennens anzupeilen.

Checkpoint 101 Miles

Gegen Mittag – um genau zu sein, es war Punkt zwölf Uhr – kam ich bei leichtem Schneefall am Checkpoint 101 Miles an. Helene und ich wurden mit großen Augen bestaunt oder vielleicht auch belächelt, als wir durch das Etappenziel der Teams vom Yukon Quest marschierten. In den ersten paar Minuten stand ich auf dem Platz an einer Hütte wie Falschgeld und keiner der Menschen wusste so recht, was er mit mir anfangen sollte, mir ging es nicht anders. Bis Rainer, der Koch, zu mir kam, mich in die warme Hütte bat und mir gleich einen Becher heißen Kaffee und eine warme Mahlzeit anbot. Rainer gehört mittlerweile zum Inventar des Yukon Quest, er bekocht seit Jahren die Musher, Betreuer, Tierärzte und alle, die noch mit dem Rennen zu tun haben. Und das allerbeste an seinen Künsten ist, es schmeckte alles fabelhaft.

Es dauerte nicht lange, bis ein Reporter aus Fairbanks und eine junge Reporterin aus Whitehorse auf mich zukamen, um sich über den aktuellen Stand meines Abenteuers zu erkundigen. Sie hatten schon davon gehört, dass ein verrückter Deutscher als Erster den Trail im Alleingang von Fairbanks nach Whitehorse in zweiunddreißig Tagen gehen wollte. Da ich der englischen Sprache noch immer nicht vollständig mächtig bin, war Rainer so nett und sprang als Dolmetscher ein. Im Anschluss kamen viele Besucher des Rennens, um mich zu sehen und die ein oder andere Frage zu stellen. Leider hatte ich keinen Spiegel griffbereit, um festzustellen, ob ich vielleicht Hörner bekommen oder sich meine Haut grün verfärbt hatte, denn wie war es sonst zu verstehen, dass die Leute mich sehen wollten. – Ich vertrat mir anschließend die Füße und gönnte mir eine

Zigarette und bereitete mich seelisch und moralisch auf den berühmtberüchtigten Anstieg zum Eagle Summit mit 1123 Metern vor, der seinen Tribut fordern würde. Der leichte Schneefall wurde langsam ein stärkerer und Besserung war nicht in Sicht, zumal nun auch noch die Dunkelheit hinzukam.

Es war bereits neun Uhr abends geworden und noch immer waren einige Teams am Checkpoint, die den Eagle Summit überqueren wollten. Ich war mir ziemlich sicher, dasselbe zu tun, bis ein Streckenposten mit seinem Skidoo, einem Schneemobil, vom Eagle Summit gefahren kam und von den Wetterverhältnissen dort berichtete. Es hatte auf dem Eagle Summit geschneit und gestürmt was das Zeug hielt. So machte ich mir also meine Gedanken, ob ich heute noch aufbrechen sollte oder nicht, ich hatte zwar keine Angst vor dem, was mich alles erwarten könnte, aber ganz sicher war ich mir nach den Erzählungen auch nicht mehr.

Allein die Frage, ob ich ein langes Seil mit mir führe, um meine Helene Stück für Stück den steilen Berg hochziehen zu können, machte mich etwas stutzig. War das nun Musher-Latein oder entsprach es den Tatsachen?

Nachdem mich Rainer und andere Mitglieder der Crew überredet hatten, in einer der alten ausgedienten Minenhütten zu nächtigen und am anderen Morgen bei Tagesanbruch ausgeruht und erholt den Gipfel einzunehmen, legte ich mich schließlich zur Ruhe auf eine muffige Matratze, die vermutlich noch am Leben war. – Aber es hätte auch schlimmer kommen können.

Der Checkpoint Mile 101.

Am frühen Morgen, gut ausgeschlafen, packte ich meine sieben Sachen in meine Pulka und ging zum Kontrollzentrum, um mich bei der Crew für die Gastfreundschaft zu bedanken und mich zu verabschieden. Natürlich kam ich nicht hungrig davon, ich wurde regelrecht verwöhnt mit einem kräftigen Frühstück: Eier mit Speck, Brot, Müsli, Obst. Kaffee und Tee waren ebenfalls reichlich vorhanden. Man hätte meinen können, es sei die letzte feste Nahrung, die ich verzehren würde. Auf Wegzehrung verzichtete ich und das aus zwei Gründen: Erstens hätte ich alles auf den Berg schleppen müssen und zweitens wollte ich ja nicht zunehmen, in meinem Alter sollte man schließlich ein bisschen auf die Figur achten.

Ein hartes Stück Arbeit

Langsam, kräfteschonend und voller Neugier folgte ich mit Helene durch die stillgelegte Goldmine dem Trail in Richtung Summit. Starker Wind und ergiebiger Schneefall waren die einzigen ungeliebten Begleiter an diesem düsteren Morgen, kein einziger Sonnenstrahl lachte mir ins Gesicht. Doch kurz vor dem eigentlichen Höllentrip zum Gipfel kam mir ein einsamer Geselle vom Berg herunter entgegen. Es war nicht etwa der Kojote Karl, sondern Konrad, der Wolf, mein erster Wolf in freier Wildbahn. Mich überkam ein Gefühl, als wären Weihnachten und Ostern am selben Tag. Er hatte noch keine Witterung von mir aufgenommen und somit waren wir bald nur noch zirka fünfzig Meter voneinander entfernt. Doch plötzlich erblickte er mich und schlug eine andere Richtung ein, es war trotz allem war ein Hochgenuss gewesen, so einen Burschen vor sich zu sehen.

Unvermittelt stand ich vor vollendeten Tatsachen. Es war mir, als liefe ich auf eine frisch weißgestrichene Wand zu, die undurchdringlich schien. Also gut, dann rann an den Speck, dachte ich mir und zog die Schneeschuhe an, schnallte den Bauchgurt meiner Pulka enger und verkürzte meine Stöcke.
Ich war gut vorbereitet und begann mit dem Anstieg. Mit kleinen Schritten freundete ich mich mit dem Berg an. Ich kam mir wie am Everest vor: eine Minute gehen, drei Minuten pausieren – und das im tiefsten unwirklichen Schneegestöber. Es erforderte höchste Konzentration, kein Fehler durfte mir beim Auswählen des Weges passieren. Ein falscher Tritt mit meinen leichten Wanderschuhen und es würde prompt wieder ab ins Tal gehen, nur eben in der Horizontalen, samt Pulka. Die

Trailmarker waren kaum noch zu sehen vor lauter Schnee, ich wusste, ich musste mich immer rechts halten, sonst gelangte ich in ein anders Tal, in einem sogenannten Niemandsland. Ich musste außerdem darauf achten, nicht ins Schwitzen zu geraten, denn das hätte unter Umständen ganz üble Folgen für mich gehabt, die Kleidung wäre mir am Körper gefroren bei minus 40 Grad Celsius. Nach zirka eineinhalb Stunden kam ich auf der Passhöhe an und – das muss ich gestehen – war sogar ein bisschen erschöpft. Aber auf eine Pause verzichtete ich. Das Schneegestöber machte auch keine Pause. Ein Rückblick ins Tal, um meine Tortur noch einmal von oben zu betrachten, blieb mir verwehrt, also ging es weiter im Takt.

Dort oben war es nicht einfach, den Trail zu finden, er existierte sowieso nicht mehr vor lauter Schnee. Ich musste nach der kurzen Ebene gleich rechts den Berg hinab; und immer nach Trailmarker und anderen markanten Stellen, wie größere Felsblöcke oder Hügel, Ausschau halten.

Die Trailmarker dienen zur Orientierung der Gespanne. Es sind dünne Holzlatten von einem Meter Länge. Der obere sichtbare Teil ist mit roter und schwarzer Farbe bemalt. Zusätzlich sind Reflektoren angeklammert. Das ist wichtig in der Nacht, wenn man mit der Stirnlampe unterwegs ist.

Ich lief also hochkonzentriert durch das Gelände und plötzlich, als hätte jemand mein heimliches Gebet erhört, war das Schneegestöber vorbei und gab einen zauberhaften Blick mit unvorstellbaren Dimensionen frei. Doch nicht nur der Ausblick erfreute mein Herz, nein, auch die Sonne lachte mir ins verschneite Gesicht – wenn auch der Gegenwind mir nicht von der Seite wich.

Nach dem steilen Abstieg ging es dann stundenlang durch eine stillgelegte Goldmine, deren Trail so hügelig war, als würde ich über eine Riesenraupe wandern. Wegen der zwanzig Zentimeter Neuschnee hatte ich die Schneeschuhe angelassen. Da meine Füße also nun bald acht Stunden am Stück in den unbequemen Dingern steckten, hatte ich mir endlich eine Pause verdient. Nicht nur eine normale Pause, nein, ich suchte mir einen geeigneten Platz, um mein Nachtlager einzurichten. Ich wurde sehr schnell fündig und machte mich gleich an die Arbeit. Ich spannte meine Pulka aus und begann mit dem Holzsammeln für ein zünftiges Lagerfeuer, denn ich wollte es ja gemütlich haben. Ich schaufelte den Schnee zur Seite, baute mir ein kleines Floß, auf dem ich das Feuer entzündete, und bereitete mir eine Mahlzeit vor. Bis der Schnee im Kochtopf geschmolzen war und kochte, bereitete ich den Schlafplatz soweit vor, dass ich nur noch umfallen musste, um im Schlafsack zu landen. Aber erst einmal aß ich einen Happen meines „Fertigfutters": Nudeltopf, Sahnesoße mit Kräuter, aus der Tüte: Etwas heißes Wasser darüber gegossen, zehn Minuten ziehen lassen, fertig ist das „Leibgericht". Dann setzte ich mich ans Feuer, trank einen Schluck Whisky, rauchte ein, zwei Zigaretten und ging in Gedanken noch einmal die gesamte Strecke des heutigen Tages durch. Am Ende war ich sogar ein bisschen stolz darauf, was ich heute hatte erleben dürfen. Nach einer Stunde ungefähr war mein Holzvorrat aufgebraucht und ich kroch in meinen namenlosen Schlafsack, mit Kamera, Trinkrucksack und Batterien; wobei ich mir gestand, dass ich eigentlich etwas Besseres verdient hätte als diese leblosen Gegenstände ...

Allein auf dem Trail

Als ich an diesem Morgen um sieben Uhr aufwachte, wusste ich, dass ich von nun an vermutlich der einzige Mensch auf dem Trail war. Die Teams mit ihren Hunden waren vorüber gezogen und auch von den Streckenposten würde sich so bald keiner sehen lassen. Warum auch, der Yukon Quest hat diese Stelle bereits passiert und die Chance, dass doch noch ein Gespann vorbeikommt, war sehr gering.

Nun gut, ich packte meine sieben Sachen wieder zusammen und nahm das erste Frühstück ein. Es wird für viele unverständlich sein, dass dies aus einer selbstgedrehte Zigarette bestand. Aber ich war schließlich im Land der Indianer, da ist das Rauchen heilig, um die Götter friedlich zu stimmen. Es gibt aber auch eine andere Theorie, die lautet: Die Erste ist die Beste.

Im Anschluss war dann ein richtiges Power- und Kauer-Frühstück dran: Blütenpollen, Nackthafer, Buchweizen und Leinsamen, die ich löffelweise einnahm und zwischen den Zähnen mehr oder weniger zermahlte und eingespeichelte. Von jeder Sorte nahm ich zirka zwei Esslöffel zu mir, was anfangs ein bisschen gewöhnungsbedürftig war. Dafür war das Ergebnis grandios: Ich verdrückte die acht Löffel in etwa zehn Minuten, und dies auch noch während des Gehens. Dafür war ich für fünf bis sechs Stunden gesättigt – das ist doch nicht schlecht.

Da der Mensch an sich – und ich im Speziellen – faul und bequem ist, ist dieses Frühstück wohl das Beste für solch eine Tour. Trotzdem möchte ich aber ein reichhaltiges Frühstück, mit allem was dazu gehört, auch nicht missen.

Doch zurück zu meinem Abenteuer. Ich hatte noch einige Meilen vor mir und meine Zeit war begrenzt. Ich meine, meine Urlaubszeit, was meine Lebenszeit betrifft, ist das Ende offen, ich hab schließlich noch einiges vor. So marschierte ich weiter und weiter, bis ich zur ersten funktionstüchtigen Goldmine kam, die sich wie eine riesige Raupe durch die menschenleere Landschaft zog. Auf der einen Seite war das ein sehr beeindruckendes Bild. Andererseits ist es mir unverständlich, wie man diese bezaubernde Natur mit solch einem unheimlichen Einsatz von Maschinen zerstören kann, und das alles nur wegen der Bodenschätze. Riesige Kolosse von Trucks, Baggern und Planierraupen hielten ihren Winterschlaf ab und warteten auf ihren Einsatz im Sommer. Ich war nun seit acht Stunden unterwegs und hatte immer noch meine Schneeschuhe an den Füßen. Deshalb war ich überrascht, dass sich noch keine Blessuren an Füßen und Schuhen zeigten. Aber nun wurde es Zeit, sie endlich abzuschnallen und wieder besser laufen zu können. Es war ein Unterschied wie Tag und Nacht – vorher hatte ich das Gefühl gehabt, eingesperrt zu sein, die Enge an den Füßen hatte sich bis zum Kopf übertragen, und nun fühlte ich mich auf einmal frei wie ein Vogel, mit dem einzigen Handicap, nicht fliegen zu können. Es wurde nun bald wieder Zeit, einen geeigneten Platz für ein Biwak zu suchen, mit ausreichend Holz, windstill und einem ebenen Untergrund. Solche Plätze sind für diese Art von Abenteuer enorm wichtig, denn in der Nacht sollte man sich richtig erholen können, damit der nächste Tag nicht zur Tortur wird und man die Lust am Laufen nicht verliert.

Nach drei Tagen zu Fuß durch die Schneelandschaft erreichte ich die Stadt Cyrel City, wo ich am Checkpoint des Yukon Quest mein nächstes Lager errichten wollte. Auf dem Parkplatz warteten noch einige Teams auf ihren Start zur nächsten Etappe und ich tat dasselbe, nur nicht im Freien, sondern in der Bar, wo sich zahlreiche Betreuer der Teams aufgewärmt und in einem Bett die Nacht verbracht hatten. Ich genehmigte mir erst einmal einen Hamburger mit Pommes und ein paar Bierchen und spielte mit dem Gedanken, ebenfalls ein Zimmer zu mieten, was ich später auch tat.

Nach dem ungewohnten Komfort, die Nacht wieder einmal in einem Bett verbracht zu haben, machte ich mich nach dem Frühstück ausgeruht auf die Socken. Allerdings nicht auf dem Trail, sondern auf der Straße, denn die Betreuer hatten mir empfohlen, den Trail auf dieser Etappe zu meiden. Es sei zu viel Betrieb auf diesem Teilstück vom Yukon Quest, außerdem wären noch einige Teams, Schneemobils und Betreuer auf der Strecke, denen ich ständig ausweichen müsste. Überdies sei hier der Trail an sich sehr unwegsam. Also beschloss ich, auf der Straße zu gehen, die genau neben dem Trail bis Central, der nächsten Gemeinde, verlief. Um Autos und Trucks brauchte ich mir keine Gedanken zu machen, es herrschte kaum Verkehr. Es begegneten mir gerade mal ein Truck und acht Pkws auf den fünfzig Kilometern, und jeder zweite hielt an und bot mir Kaffee oder eine Mitfahrgelegenheit an, was ich natürlich dankend ablehnte.

Nach diesem Tagesmarsch kam ich in der Nacht in Central an, wo eine große Aufbruchsstimmung herrschte. Pickups wurden beladen, freiwillige Helfer räumten den Platz von Stroh und anderem Unrat. So blieb mir nichts anders übrig als nachzusehen, wo sich das Organisationsteam aufhielt. Im Feuerwehrhaus waren Tierärzte und Streckenposten damit beschäftigt, das Feuerwehrmagazin zu säubern. Aber nichts desto trotz wurde ich sehr freundlich begrüßt und mit Essen und Trinken versorgt, zu guter Letzt wurde mir sogar noch ein Schlafplatz angeboten.

In der mollig warmen Halle, direkt hinter dem Feuerwehrauto, lag eine dicke und weiche Matratze, auf der ich die Nacht verbringen konnte, wobei mich aber das Gebläse der Gasheizung nicht richtig in den Tiefschlaf kommen ließ. Gegen sieben Uhr kamen die Helfer vom Quest mit Kaffee und Keksen ins Magazin, das sollte das letzte Frühstück für die nächsten sechs Tage sein. So sprach einer der Quest-Betreuer zu mir.

Feuerwehrauto und Pulka im Partnerlook.

Nach dem Frühstück schauten wir uns den Wetterbericht für die nächsten Tage am Computer an und sahen auf dem Satellitenbild nur blauen Himmel, was aber nichts bedeuten muss. In diesen Regionen kann sich das

Wetter von einer zur anderen Minute ändern, genau wie die Temperaturen. Ich wusste aber jetzt, dass ich die nächsten sechs Tage auf dem Yukon River verbringen würde und dass die nächste Stadt Eagle wäre, dazwischen würde nichts sein.

Der lange Marsch auf dem Eis

So ging ich Schritt für Schritt zum zugefrorenen Yukon River hinunter und zog meine Spuren auf dem Trail. Es war schon ein eigenartiges Gefühl, in Körper und Geist zu wissen, dass nun sechs Tage und Nächte der Fluss mein neues Zuhause sein würde.

Bei strahlend blauem Himmel und leichtem Gegenwind bewegte ich mich in Richtung Eagle mit der Ungewissheit, was mich auf diesem bevorstehenden Abschnitt alles erwarten würde. Der Trail war sehr gut begehbar, trotz kleineren Unebenheiten; bis ich auf einmal einen Widerstand verspürte. Ich drehte mich um und sah, dass eine Halterung des Zuggestänges gebrochen war und meine Pulka dadurch einen Rechtsdrall bekommen hatte. Nun war guter Rat teuer, mitten auf dem Fluss. Ich legte meinen Bauchgurt ab und inspizierte den Schaden, ob es etwas Größeres war. Ersatzteile hatte ich natürlich nicht mit dabei, ich hätte auch vorher gar nicht gewusst, welche Dinge ich hätte mitführen sollen. Das einzige, was ich mithatte, waren zwei Stöcke aus Holz, die ich am Anfang meiner Tour abgesägt und in der Pulka verstaut hatte, für den Fall aller Fälle. Ich hatte zwar in dem Augenblick noch keinen Grund dafür gewusst, warum ich die zwei Stöcke mitnahm, aber vielleicht war ich einer Eingebung gefolgt?

So schnitzte ich nun mit dem Messer ein sogenanntes Passstück für das gebrochene Quergestänge und setzte es ein. Kleine Spanngurte und etwas Panzerband hielten die Verbindungen zusammen, sodass ich dem Trail wieder folgen konnte. Da hatte ich aber noch mal Glück gehabt, das nichts Größeres geschehen war, freute ich mich.

Eine Hütte am Yukon River.

Onkel Toms Hütte

Es war später Nachmittag geworden und die Sonne machte sich allmählich auf den „Heimweg", als ich auf der linken Seite des Yukon eine Blockhütte am Ufer entdeckte, die ich mir unbedingt näher ansehen wollte. Ich folgte der Spur bis zur Hütte, legte mein Geschirr zu Boden und sah mich um, ob hier jemand wohnte. Allem Anschein nach war ich aber der einzige Mensch weit und breit. Die Blockhütte bot eine große Versuchung, nämlich die Nacht in ihr zu verbringen. Allein die Lage am zugefrorenen Fluss mit dem Panorama und dem Sonnenuntergang machten mir die Entscheidung nicht schwer, sodass ich schon um halb fünf für heute Feierabend machte. Nach einer kurzen Besichtigung der Hütte und des Umfelds heizte ich den Ofen an und zog meine Pulka mit in die Hütte. Es mag sein, dass der ein oder andere denkt, ich sei ein bisschen unverschämt, mich einfach in einer fremden Hütte breit zu machen. Aber es handelte sich um eine sogenannte Cabin, eine öffentliche Hütte zum Schutz für Wanderer, Kanuten und natürlich für Trapper. Die meisten Hütten am Fluss sind öffentlich und man findet eine Nachricht darin, in der dies noch mal bestätigt wird. Natürlich gibt es auch eine Hausordnung. Die Cabin ist mit allem ausgestattet, was man für den Notfall braucht und das einzige, was dafür verlangt wird, ist Sauberkeit, und dass man das Brennholz wieder nachfüllt und seinen Müll mitnimmt.
Lebensmittel in allen Variationen waren in der Küchenzeile verstaut, angefangen von Müsli bis hin zum Thunfisch in der Dose, außerdem Milchpulver, Tees und Kaffee, aber auch Reis und Teigwaren, mit einem Wort, alles, was das Herz begehrt. Aber nicht nur die vielen Lebensmittel waren eine höchst angenehme Überra-

schung, auch das große Bett im zweiten Stock mit einem sensationellen Blick auf den Yukon River. Im Wohnbereich standen zwei Sofas, ein Sessel und ein kleiner Tisch, zu guter Letzt gab es im hinteren Teil der Hütte noch eine Dusche, die aber wegen der Jahreszeit nicht funktionierte. Elchgeweihe, Tierschädel, Fallen und jede Menge kleinere Fundstücke aus der Natur waren als Dekoration an den Wänden angebracht.

Ich nutzte diesen Aufenthalt im „Holzpalast", um meine Pulka ganz genau zu untersuchen und kleine Reparaturen durchzuführen. Nach getaner Arbeit bereitete ich mir mein Abendessen zu und ließ noch eine Kanne Kaffee auf dem Ofen kochen. Es war im ersten Augenblick schon etwas ungewohnt, am Tisch zu sitzen und wie ein Urlauber seine Mahlzeit zu sich zu nehmen und die herrliche Landschaft zu genießen. Nach dem traumhaften Sonnenuntergang wurde es langsam Zeit, sich in die Horizontale zu begeben und zwar in einem großen Bett im oberen Stock. Ich kann mich nicht mehr daran erinnern, wann ich eingeschlummert bin und ob ich etwas geträumt habe, aber am nächsten Morgen war eins sicher, ich hatte fest und tief geschlafen. Meine Nasenspitze war kalt wie die eines Huskys, doch der Rest von mir war mollig warm, er steckte ja auch im Schlafsack. Die Sonne strahlte schon in ihrer vollen Schönheit auf den Yukon River, um mir ein Zeichen zu geben, dass es an der Zeit war, mich auf den Weg zu begeben.

Zuvor war aber noch die Morgentoilette angesagt. Für strahlend weiße Zähne war das Wasser einfach zu kalt. Auch eine heiße Dusche blieb aus, na ja, kein warmes Wasser, keine Dusche, dafür bleibender Körpergeruch. Aber wer weiß, wofür es gut war. Ich war ja schließlich nicht auf Brautschau.

Die Entleerung von Blase und Darm war zeitlich immer sehr begrenzt. Bei Temperaturen von durchschnittlich minus dreißig Grad Celsius muss alles sehr schnell gehen. Vorbereitung für den Ernstfall – oder in diesem Fall für den Notfall – das heißt: Im Schnee eine kleine oder größere Mulde graben, fix die Hose runter und das Nötige verrichten. Die Nachbereitung verläuft entsprechend: Toilettenpapier anzünden und zum Schluss die Mulde wieder auffüllen. Warum man das Papier anzünden soll? Bei diesen tiefen Temperaturen und den all zu kurzen Sommern, hat das Papier zu wenig Zeit zum Verrotten. Außerdem haben die Tiere, Wanderer und Kanuten im Sommer keine Freude daran, wenn es aussieht, als habe es geschneit.

Und schon ging es nach einem kleinen Frühstück von Blütenpollen und dem abschließenden „Stubendurchgang" wieder mit vollem Elan auf den Fluss. Noch ein Blick zurück auf das kleine Paradies am Yukon River – das Bild war noch viele Stunden in meinem Hinterkopf, mit allen Details.

Wieder auf dem Trail

Ich war nun wieder mit meiner Helene unterwegs auf dem gewohnten Untergrund von Eis und Schnee und hielt Ausschau nach allem Unbekannten, was es vielleicht zu sehen gäbe. Aber leider gab es nichts Neues zu sehen, außer Landschaft pur. Was natürlich nichts Schlechtes ist, denn schließlich hatte ich mich zu dieser Unternehmung entschlossen, um Landschaft, Natur und Ruhe zu genießen.

Der Trail ohne Markierungen.

Aber wie sollte es auch anders sein, nach wenigen Stunden spielte das Wetter verrückt und zeigte mir all seine Variationen, die es zuhauf gibt. Mit anderen Worten: Starker Schneefall und extremer Gegenwind setzten ein, aber zu guter Letzt kam auch der Sonnenschein. Nach ein paar Stunden Marsch wurde der Trail

immer schneeärmer, bis bald nur noch die blanke Eisdecke übrig war. Der Trail glich nun einem riesigen
Eishockeyfeld ohne Randmarkierung.

Der starke Wind riss die Leitmarken aus dem Eis und
dem Schnee und verteilte sie auf der Eisoberfläche,
worüber ich nicht sehr begeistert war. Mir wurde klar,
dass ich jetzt doppelte Konzentration brauchte, denn
sollte ich mich durch Unachtsamkeit in einen Seitenarm
des Yukon Rivers verirren, hatte ich kaum eine Chance,
wieder auf die richtige Spur zu kommen.
Ich orientierte mich an den Spuren der Hundeschlitten,
diese boten einen guten Anhaltspunkt. Wobei das auch
nicht ganz so einfach war, denn sobald ich eine Gabelung auf dem Eis entdeckte, musste ich genau achtge-
ben, wo die meisten Spuren hinführten. Ansonsten wäre
es gut möglich gewesen, dass ich an einer Trapperhütte
ankam und das wollte ich gern vermeiden. Nicht wegen
der Trapper, sondern wegen der falschen Spur.
Der Yukon war an dieser Stelle ziemlich breit und seine
Ufer waren sehr steil, sodass ein Ausstieg aus dem
Flussbett nicht möglich war. So blieb mir für diese
Nacht nichts anderes übrig, als auf dem Eis des Yukon
River zu nächtigen. Das mag etwas merkwürdig erschei-
nen, aber es hatte auch seine Vorteile. So musste ich
zum Beispiel nicht lange nach einem Lagerplatz suchen,
oder den Versuch starten, ein Feuer zu entzünden.
Ohne Brennholz schafft dies nicht einmal der beste
Indianer, und ohne Feuer schmeckt auch das Abendes-
sen nicht. Nun denn, ich machte mir keine großen
Gedanken über Feuer und Essen, sondern legte meine
Isomatte auf den Trail, kroch in den Schlafsack und
schloss die Augen. Der Schlafkomfort war nicht ver-
gleichbar mit dem der vorletzten Nacht, da hatte ich im

warmen Bett geschlafen und jetzt lag auf dem blanken Eis. Das einzig Gute daran war, dass ich keinen Schnee wegschaufeln musste. Dafür musste ich so schnell wie möglich in den Schlafsack kriechen, meine Klamotten griffbereit haben und wetterfest verstauen. Aber dazu hatte ich ja meine Pulka.

Oh mein Gott, ich wachte am nächsten Morgen noch in der Dunkelheit auf und kroch gleich aus dem warmen Schlafsack. Es war sechs Uhr und mich begrüßte schon ein eisiger Ostwind, der mir die morgendliche Katzenwäsche ersparte. Und so packte ich mein Gepäck in die Pulka und folgte meinem Weg in Richtung Whitehorse. Nach einer halben Stunde Fußmarsch meldete sich mein Magen mit dem Verlangen nach etwas Arbeit. So holte ich meine Körner aus der Pulka raus und nahm das göttliche Mahl von Pollen und Samen zu mir. Bei dieser Gelegenheit füllte ich gleich meinen Trinkrucksack mit Schnee auf und schon ging es wieder weiter. Warum ich den Rucksack mit Schnee und nicht mit geschmolzenem Schnee auffüllte, ist eine reine Geschmacksache.

Ich hatte den Eindruck, dass der Yukon River an dieser Stelle immer breiter wurde, trotz der vielen Windungen. Noch immer musste ich darauf achten, dass ich auf der richtigen Spur blieb. Plötzlich veränderte sich die Landschaft, es wurde wieder winterlicher, die Bäume trugen auf ihren Ästen Schnee und auf dem zugefrorenen Fluss sah ich wieder den Trail, wie ich ihn kannte. Immer wieder entdeckte ich Trailmarker und Putis auf der Strecke und das gab mir das beruhigende Gefühl, auf dem richtigen Weg nach Westen zu sein.

Putis sind Schuhe für die Hunde, die ihre Pfoten vor Eis und Schnee schützen sollen.

Zeit für Gedanken

Nun war es soweit, ich brauchte mich um nichts mehr zu kümmern, ich war in der richtigen Spur und der Untergrund war ideal, mit einer hervorragenden Haftung. Ich hatte mir zwar nicht vorgenommen, mir ausgerechnet heute Gedanken über alles zu machen, aber irgendwie überkam es mich und da ich alle Zeit der Welt hatte, ließ ich den Dingen einfach ihren Lauf. Mich beschäftigte vor allem die Frage: Wieso, weshalb und warum habe ich mich zu diesem Abenteuer entschlossen? Eigentlich ist das ganz leicht zu beantworten: Ich liebe das Abenteuer, ohne ein großes Spektakel daraus zu machen. Nicht lange überlegen, sondern handeln. Es gibt viele Menschen, die mich kennen und manche davon sind der Meinung, ich müsste einfach immer noch einen drauf setzten. Andere denken, dass ich meine Grenzen suchen will. Keine von diesen Theorien ist richtig. Ich habe einfach Vergnügen daran, mich mit der Natur zu identifizieren und nicht im Vordergrund zu stehen. Ich mache mir ja nicht einmal die Mühe, ein paar Sponsoren zu suchen. – Es gibt auch noch die Neider, aber über die habe ich nicht viel zu schreiben. – Ich grübelte darüber nach, woher ich die Kraft und die geistige Motivation nahm, ob es eine Gabe Gottes war oder ob ich mir diese Dinge im Laufe der Zeit antrainiert hatte. Vielleicht steckt es in jedem Menschen, nur die meisten wissen es nicht? – Ich hatte noch genug Zeit, um nach der Antwort zu suchen. Sicherlich wird sie nicht in den weißen Schnee geschrieben stehen oder auf einem Zettel an einem Baum hängen. Ich denke, es ist die Erfahrung, die ich die letzten Jahre gesammelt habe, und die innere Verbundenheit zur Natur, die mir Kraft und Freude schenken. Manche Dinge im Leben werden einem einfach gegeben oder auch genommen, wie es zum Beispiel bei mir auch mit der Angst ist.

Die Angst ist ein Thema, über das man sich ebenfalls Gedanken machen kann. Ich habe keine Angst, hier draußen alleine unterwegs zu sein, was soll schon passieren? Sollte ich mit einem Elch verwechselt und von einer Großkalibrigen getroffen werden, wäre es sowieso zu spät. Aber Großstadtpiraten sind hier mit ziemlicher Sicherheit nicht zu finden, und die von vielen gefürchteten Bären halten ihren Winterschlaf. Also bleibt nur noch das Einbrechen im Eis oder im Overflow, doch da kann ich mich auf meinen Instinkt verlassen, den man mit der Zeit hier draußen entwickelt. – Bei einem Overflow handelt es sich um gefrorenes Oberflächenwasser, das von einer Quelle oder einem Bach auf die Eisdecke fließt und wieder gefriert. Durch das fließende Wasser kann die bestehende Eisdecke aufweichen und durchbrechen, womit das Betreten sehr riskant ist, da man komplett einzubrechen droht. – Auch die Tipps der Trapper haben mir sehr weitergeholfen. Es ist sehr wichtig, sich an die Spielregeln der Natur zu halten, sie ist erbarmungslos und kennt keinen Unterschied, ob ein Mensch oder Tier in Not ist. Hier draußen ist jeder auf sich gestellt und es ist jedermanns eigene Sache, ob er versuchen möchte, sich gegen die Natur zu stellen. Ein Sprichwort sagt: „Ob eine Sache gelingt, erfährst du erst, wenn du es versuchst." –

Zu verhungern oder zu erfrieren, das sind die größten Ängste, die den Menschen in dieser Jahreszeit begleiten. Aber auch gegen diese Ängste gibt es Regeln, die einem den Schrecken nehmen können. So ist die Angst vor dem Verhungern erst nach ein paar Tagen berechtigt, wenn die Vorräte aufgebraucht sind und der Gedanke an ein schmackhaftes Essen schier aussichtslos erscheint. Ich habe mir dazu meine eigene Methode entwickelt: Anstatt mir Fettpolster anzulegen, setzte ich auf Diät, um meinen Magen schrumpfen zu lassen. Viele meiner Freunde und Bekannten können dies nicht nachvollziehen, aber mir hilft es in der Tat. Ich komme dann mit viel weniger Nahrung aus, mein Magen meldet sich nur zweimal am Tag und gibt sich mit kleineren Portionen zufrieden. So kann man auch bei der Flüssigkeitsaufnahme sparen, obwohl es aus medizinischer Sicht total falsch ist. Die Ärzte sind der Meinung, dass es vor allem für die Verdauung und gegen die Dehydrierung wichtig ist, dass man ausreichend Flüssigkeit zu sich nimmt. Nun gut, sie haben ihr „Handwerk" studiert, aber ich muss für einen bestimmten Zeitraum mit einem Minimum an Flüssigkeit auskommen, und mein Verfahren hat sich hierfür als probat erwiesen.

Ich bin mit einem Liter „Schneewasser" am Tag ausgekommen, nur das reine Wasser. Keine isotonischen Mittel oder irgendein Geschmacksverstärker, um das fade Wasser schmackhafter zu machen. Für mich ist es auch ein Unterschied, ob der Schnee im angeschwärzten Kochtopf geschmolzen wird oder im Trinkrucksack langsam durch die Körpertemperatur auftaut. Das bringt zudem zwei Vorteile mit sich: Erstens schmeckt der geschmolzene Schnee frischer und ist kühler und zweitens kühlt er den Rücken und verhindert somit die Schweißbildung.

Sicherlich ist das nur ein kleiner Auszug von der unbeschreiblichen Vielfalt der Gedanken, die einem so durch das gut durchblutete Gehirn fahren, wenn man unterwegs ist. Aber die Gedanken sind frei und alles aufs Papier zu bringen, ist ein Stück der Unmöglichkeit. Und so stiefelte ich weiter meinen Weg nach Whitehorse.

Die nächste Hütte

Vor lauter Gedanken und Genießen passierte es oft, dass ich vergaß, eine Kleinigkeit zu essen oder einen kleinen Schluck Wasser zu trinken. Doch empfand ich dies auch nicht als Beinbruch, ich hatte ja mein kleines Restaurant auf Kufen zirka einen Meter hinter mir und es mangelte mir an nichts.

Langsam roch es nach Feierabend und ich hielt Ausschau nach einem geschützten Schlafplatz mit Feuerholz. Dann sah ich schon von Weitem, dass ein Schild am oder auf dem Trail stand. Nach ungefähr fünfzehn Minuten war ich an der Stelle, wo das improvisierte Hinweisschild im Schnee steckte, mit der Aufschrift: „Zehn Minuten bis zur nächsten Hütte".

Vollpension nur im Traum.

Ich überlegte kurz, ob es sich um Hundeminuten oder Fußgängerminuten handelte, doch fiel mir gleich ein, dass das totaler Quatsch war. Schließlich fand hier ein Schlittenhunde-Event und keine Wallfahrt statt.

Also gut, sagte ich mir, wenn die Hunde ungefähr zehn Minuten brauchen, dann plane ich für mich mal dreißig Minuten ein. Tatsächlich verließ nach einer knappen halben Stunde eine Spur den Trail in Richtung Hütte, die etwas zurückgesetzt vom Ufer am Waldrand stand. In dem Augenblick, als ich die Hütte dort sah, war mir sofort klar, dass das für diese Nacht meine Herberge sein würde, oder mein B&B – Bed & Breakfast.

Nach dem nicht ganz einfachen Anstieg kam ich an der Hütte an und schnallte meine Pulka ab. Ich schnupperte vorsichtig durch die Tür. Die Luft war rein! Na klar, wer sollte schon hier sein. Es war inzwischen stockfinster geworden und hatte zudem auch noch zu schneien begonnen. Nichts wie rein in die gute Stube und als erstes die Petroleumlampen angezündet und Holz im Ofen angefeuert. Aber wie das? Es befand sich kein Brennholz in der Hütte. Auch vor der Tür war nichts zu finden. Das hätte eigentlich nicht sein sollen und so schaute ich mich in der näheren Umgebung um. Und siehe da, ein paar Meter neben dem „Donnerbalken" stand ein Holzschopf, der üppig mit Holz gefüllt war.

Ich ging zurück zur Hütte, leerte meine Pulka und nahm sie mit zum Holzschopf, um sie mit Brennholz zu beladen, damit ich einen ausreichenden Vorrat für die Nacht hatte und nicht ständig zum Schuppen laufen musste.

Die Hütte war ein uraltes Blockhaus, das fast schon historisch war. Leider habe ich das genaue Baujahr vergessen und es mir auch nicht aufgeschrieben. Sie glich jedenfalls dem, was man Villa Rustika nennen könnte, mit einfachen Gitterrosten als Bett, einem Stuhl und einem Tisch. Aber zwei Lampen waren vorhanden und gut zwei Liter Petroleum. Bei genauerem Hinsehen stellte ich fest, dass diese Hütte noch kein Bär besucht hatte, sie war von außen unversehrt. Keinerlei Spuren von riesigen Pranken oder fingerdicken Krallen waren zu entdecken. Demnach wurde diese Hütte immer sauber gehalten, keine Reste von Lebensmitteln oder Dingen, die nach Fressbarem rochen, wurden hier anscheinend liegengelassen.

Ich vollzog mein fast alltäglich gewordenes Ritual: Feuer machen, kochen, essen, und zu guter Letzt einen Krauser und einen Schluck Whisky gönnen. Danach schien es mir an der Zeit, mein Tagebuch auf den aktuellen Stand zu bringen. So setzte ich mich an den Tisch und begann alles aufzuschreiben, was ich in den letzten Tag erlebt und noch nicht festgehalten hatte. Jetzt hatte ich ja die Zeit und was hätte ich schon anderes tun können.

Irgendwann wurde ich dann doch müde, legte mich mit meinem Schlafsack auf den Gitterrost und war in Sekundenschnelle tief und fest eingeschlafen.

Am anderen Morgen zeigte mir meine Armbanduhr, dass es schon sieben Uhr war. Ich fühlte mich ausgeschlafen und wie neugeboren und kroch aus dem Schlafsack in die völlig ausgekühlte Hütte. Das Wasser, das ich vorsorglich auf den Ofen gestellt hatte, um die Luft etwas zu befeuchten, war bis auf den Topfboden gefroren, genau wie der Inhalt meines Essnapfs. Was soll's, ich zog mich an, packte mein Hab und Gut auf die Pulka und machte mich für die nächste Etappe ins Ungewisse bereit. Als alles verstaut und startklar vor der Türe stand, brachte ich die Hütte noch in ihren ursprünglichen Zustand, so wie ich sie vorgefunden hatte. Mit einer Ausnahme, ich legte etwas Holz neben den Ofen.

Etwa eine Stunde später setzte ich meinen Weg nach Whitehorse auf dem Yukon River fort, und nach zwanzig Minuten war ich auf dem Quest Trail. Am Trail angekommen, fand ich mich von meinem Bauchgefühl mal wieder sehr bestätigt. Kein Wunder, ich war schließlich nunmehr bereits den fünften Tag auf der Tour.

Es war nämlich nicht der Trail, wie ich ihn sonst kannte, nein, das hier war die reinste Achterbahn. Das Packeis war überfroren, deshalb ging es nur im Zickzack auf dem Fluss weiter. Es war die reinste Knochenarbeit vor dem Frühstück. Wenn ich heute zurückdenke, bin ich immer noch froh, dass ich am Abend zuvor die Hütte angesteuert hatte. Ich hätte keinen geeigneten Schlafplatz mehr gefunden, und wenn ich doch ein Fleckchen entdeckt hätte, dann nur ein höchst unbequemes. An ein Lagerfeuer wäre überhaupt nicht zu denken gewesen.

Sechs Tage und Nächte auf dem Yukon River

Es folgte eine lange Zeit, in der ich keine Menschenseele sah, geschweige denn mit jemandem gesprochen hätte. Obwohl ich schon eine Unterhaltung führte. Klingt vielleicht verrückt, aber bei mir funktioniert's, ich spreche einfach meine Gedanken aus, das klappt prima.

Doch schon bald würde diese einsame Zeit hinter mir liegen, denn der nächste Anlaufpunkt war Eagle, wo ich mit größter Wahrscheinlichkeit wieder ein paar Menschen treffen würde. Doch noch war das Ziel nicht in Sicht. Ich ging und ging auf dem Trail bis es Nacht wurde, mich begleitete die kleine Hoffnung, ein Licht am Horizont zu sehen. Es dauerte und dauerte, es verging eine ganze Ewigkeit, obwohl ich die Zivilisation schon förmlich spüren konnte. Aber noch war es wohl nicht soweit. Es war spät geworden an diesem Abend und vor lauter Laufen hatte ich auch das Essen wieder vergessen. Ich machte mir keine großen Gedanken, schlug mein Nachtlager auf und legte mich mit leerem Bauch schlafen. Hunger hatte ich keinen und so ersparte ich mir den ganzen „Heckmeck", Kocher aufbauen und so weiter.

Am anderen Morgen ging es – wieder ohne Frühstück – weiter. Nach zwei Stunden Marsch sah ich die ersten Anzeichen menschlichen Lebens, Spuren von Motorschlitten kreuzten den Trail. Und dann plötzlich, wie aus dem Nichts, erblickte ich den Kirchturm von Eagle[2] (Alaska) und kurz darauf die ersten Häuser.

Eisige Temperaturen auf dem menschenleeren Trail.

---

[2] Eagle liegt in Alaska am nördlichen Ende des Taylor Highways und hat 143 Einwohner. Eagle war früher ein Handelsposten für Pelze, da es nahe der kanadischen Grenze am Yukon River liegt. Heute ist Eagle während des Sommers dank Tankstellen und Kaufläden Anlaufstation für viele Touristen. Im Winter wird Eagle über den nicht geräumten Highway mittels Hundeschlitten und Schneemobilen versorgt.

Geschafft, nach sechs langen Tagen und Nächten würde ich endlich wieder unter Menschen sein. Obwohl ich bereits in der Stadt angekommen war, war ich immer noch alleine und erblickte weder Mensch noch Tier, als würden alle Bewohner im Winterschlaf liegen.

Plötzlich tauchte ein Pickup auf der verschneiten Straße auf und hielt vor mir an. Eine junge Frau mit ihrem Beifahrer, einem Hund, begrüßte mich mit leuchtenden Augen. Sie wusste schon, dass ein Verrückter in den nächsten Tagen in der Stadt auftauchen würde. Auf die „Buschtrommeln" ist eben Verlass, dachte ich. Nach ein bisschen Smalltalk zeigte sie mir den Weg zur Tankstelle, dem einzigen Laden, der in den Wintermonaten geöffnet hat. Dort könne ich mich aufwärmen und etwas essen.

Gesagt, getan, ich ging durch die menschenleeren Straßen zur Tankstelle. Dort wurde ich schon erwartet und gleich mit einem Kaffee begrüßt, was mir sehr entgegen kam, da ich eine richtige „Kaffeetante" bin. Die Besitzerin bot mir verschiedene Hamburger an, die sie in der Mikrowelle warm machen wollte. Die Wahl war nicht schwierig, ich aß von jeder Sorte einen.

Wie auf Absprache füllte sich der Laden mit Einheimischen und jeder wollte wissen, wie es mir gehe, woher ich komme und weshalb ich mir so was antun und mich mitten im Winter diesen Strapazen aussetzen würde.

Nach einer zweistündigen Pause ging ich mit vollem Bauch und aufgefülltem Koffeinhaushalt in Richtung American Summit, wo ich mein nächstes einfaches Nachtlager errichten wollte. Ich zog Helene durch die menschenleere Stadt, es ging mal wieder stetig bergauf. Bis zum Stadtrand, wo ich aufgehalten wurde. Eine junge blonde Frau wartete auf mich. Sie habe von ihrem Mann erfahren, dass ein deutscher Mann auf dem

Yukon Quest Trail in Richtung Whitehorse sei, der für kranke Kinder Spenden sammelte. Am Straßenrand, vor einer Husky-Zucht mit lautem Gebell, unterhielten wir uns über mein Abenteuer. Sie war gebürtig aus München, hatte einen einheimischen Mann geheiratet und war letztendlich in Eagle geblieben. Der Einladung zum Kaffee und zur Besichtigung der Farm folgte ich nicht – ich konnte nicht schon wieder eine Pause einlegen. Vielleicht war es ein Fehler, denn man bekommt ja selten so eine Gelegenheit. – Zu guter Letzt drückte sie mir zwanzig Dollar in die Hand und wünschte mir noch viel Glück auf dem Weg und viele spendenfreudige Menschen für „meine" Kinder.

Auf dem Weg zum Amerikan Sumit.

Nach einer halben Stunde Marsch waren ich und Helene wieder weit entfernt von der Zivilisation und der nordamerikanische Winter zeigte mal wieder, was er alles so kann. Es schneite und stürmte wie verrückt, die Sicht war gleich Null.

Der Trail war nicht mehr zu sehen, zum Glück war es ein Fahrweg, auf dem ich mich nicht verlaufen konnte. Mehr und mehr wurde mir klar, dass ich den Gipfel in dieser Nacht nicht mehr erreichen würde. Somit kampierte ich in einer Ausweichstelle am Weg.

Ich räumte etwa einen halben Meter Schnee zur Seite und legte mich in die so geschaffene Kuhle. Auf ein Lagerfeuer verzichtete ich in dieser Nacht und auch auf mein abendliches Menü. Das ist gewiss nicht üblich, aber es war mir einfach zu viel Schnee. Brennholz unter diesen Schneemassen zu finden, ist gar nicht so leicht. Und für die Essenszubereitung war ich einfach zu faul, und auch nicht hungrig genug.

Am nächsten Morgen war ich vollständig eingeschneit und musste mich mehr oder weniger aus dem Schnee ausgraben. Geschlafen hatte ich wie in einem Himmelbett, allerdings mit dem großen Nachteil, dass alles nass geworden war. Die ganze Ausrüstung war eingeschneit und klamm geworden und ich wusste nicht, was noch auf mich zukommen würde. Ich schüttelte den Schnee so gut es ging ab und packte alles in die Pulka. In den ersten Stunden war der Himmel klar und es war sehr kalt, aber dann ging es wieder von vorne los. Der Schneesturm mit Verwehungen bis zu einem Meter Höhe kostete mich sehr viel Energie und der Weg zum Gipfel war noch ein langer und anstrengender. Ich schätzte ihn auf gut vier Kilometer, und das bei minus achtundzwanzig Grad Celsius.

Am höchsten Punkt angekommen, lachte mir die Sonne ins verfrorene und verschneite Gesicht, als wäre nichts geschehen. Ein traumhaftes Panorama auf 1042 Metern bot sich mir, und der vergangene Tag samt Nacht war vergessen. Und nicht nur der Blick bis zum Horizont war fantastisch, ich bekam auch noch als Sahnehäubchen einen Luchs und zahlreiche Moorschneehühner in ihrem weißen Winterkleid zu Gesicht. Sie waren schon fast zutraulich, oder vielleicht spielten sie auch nur mit mir? Denn so nah war ich noch nie an einen in freier Wildbahn lebenden Vogel gekommen. Das kleine Schauspiel gefiel mir außerordentlich und ich gönnte mir den Anblick eine Weile. Als mir aber so langsam das Wasser im Munde zusammenlief, fiel mir ein, dass ich heute noch nichts gegessen hatte. Sogleich suchte ich mir ein windstilles und sonniges Plätzchen, setzte mich auf meine Pulka und aß, was alle Kinder mögen: Schokolade. Diese hatte ich mir zuvor in die Hosentasche gesteckt, damit sie auftaut. Zwei Tafeln verzehrte ich mit Hochgenuss und als Dessert zwei Schokoriegel obendrauf. Ich gebe zu, dass dies nicht gerade die allerbeste Sportlernahrung ist, aber ich denke, was einem schmeckt, kann auch nicht schaden. Zum Schluss, um den Lunch abzurunden, rauchte ich eine Zigarette und dann ging's auch schon flott weiter.

Der Karte nach sollte der Weg die nächste Zeit nur noch bergab gehen; und da es auf der anderen Seite des Berges nicht geschneit hatte, lief es sich auf dem Trail vortrefflich. Bis zum Fortymile River führte er über eine alte Minenstraße, die in den Wintermonaten für Fahrzeuge gesperrt war.

Bis in die Abendstunden marschierte ich durch die lautlose Landschaft, bis ich an ein Feriencamp kam. Ich schaute mich etwas genauer um und fand eine geeignete Lagerstelle. Es war so gegen zehn Uhr nachts, als ich mich in meinen Schlafsack legte und zu dem wunderbaren Sternenhimmel hinauf blickte. Auch an diesem

Abend aß ich kaum etwas, aber auf ein kleines Lagerfeuer verzichtete ich, wie am Abend vorher, nicht.

Am nächsten Tag, einem Donnerstag, folgte ich weiter
meinem Weg auf der Minenstraße, als ich plötzlich
Reklameschilder an der Straße stehen sah. Darauf stand,
dass in ein paar Meilen ein Hotel mit Restaurant kommen sollte, worauf mein Herzschlag ein wenig in die
Höhe stieg. Auf der rechten Seite des Tales erblickte ich
die wunderschöne Ferienanlage. Doch dann fiel mein
Blick auf ein zusätzliches Schild, das an der Tafel festge-
schraubt war. Darauf wurde mitteilte, dass die Anlage
im Winter geschlossen ist. Also würde es wohl doch
nichts werden mit einem Becher heißen Kaffee.

Hundegebell und noch mal Hundegebell und keine
Menschenseele zu sehen. Dies jagte meinen Blutdruck
ein weiteres Mal nach oben. Ein etwas mulmiges Gefühl
begleitete mich bis zum nächsten Blockhaus, weil ich
nicht orten konnte, woher das Bellen kam und wie viele
Hunde mich begrüßen oder verjagen wollten. Wie aus
dem Nichts stand plötzlich ein Golden Retriever vor
mir und wedelte wie wild mit seinem Schwanz.

Jetzt war mir sofort klar, dass nichts Schlimmes passiert
war, sondern der Hund glaubte, einen neuen Spielkame-
raden gefunden zu haben. Ich blieb stehen und schaute
mich um, es war kein Mensch weit und breit zu sehen,
geschweige denn zu hören. Ich ging langsam weiter, bis
ich zu einer Brücke kam, bei der ich wieder auf den
Fluss wollte, denn dies musste der Fortymile River sein.
Ich hielt an und vergewisserte mich noch mal mit einem
Blick auf die Karte. Alles klar, ich war richtig.

Während ich mit meiner Karte beschäftigt war, bekam
ich Besuch von einer Frau indianischen Ursprungs, wie
ich später erfuhr. Knapp eine Stunde unterhielten wir

uns am Ende der Brücke. Jeder erzählte von sich, wo er herkam, wieso er hier war und so weiter und so weiter.

Einen hilfreichen Tipp, den ich für den extremen Notfall gebrauchen konnte, bekam ich wieder mit auf meinen Weg. Sie erzählte mir, wie ich mit den einfachsten Mitteln ein Feuer entzünden könnte, zum Beispiel mit Birkenrinde. Auch Harz von den Bäumen oder die Haare eines toten Hasen oder eines anderen Säugers würden sich dafür eignen.

Inzwischen war es schon zu spät geworden, um den Yukon noch zu erreichen. Von hier aus waren es noch vierzig Meilen auf dem Fluss bis zur historischen Stätte bei der Mündung in den Yukon[3].

Der Fortymile River war ein kleiner Fluss mit vielen Windungen durch ein zauberhaftes Tal und in absoluter Abgeschiedenheit. Aber ich war nicht ganz allein, ein Wolf zeigte mir den Weg auf dem Trail. Er war nicht sehr schnell, denn er humpelte, weil er sich eine Verletzung an der rechten Hinterpfote zugezogen hatte. Dadurch verringerte sich der Abstand zwischen uns von einhundert bis auf fünfzig Meter. Dann aber bemerkte er mich und verschwand in die Büsche auf Nimmerwiedersehen. Ich ging weiter und weiter in der Hoffnung, noch in dieser Nacht eine Hütte zu erreichen, bis die Müdigkeit mal wieder ihren Tribut forderte. Also legte ich mich schlafen und dachte, morgen ist ja auch noch ein Tag. Ich hatte etwa fünfzig Kilometer pro Tag eingeplant, je nach Witterung und Landschaft. Heute

---

[3] Forty Mile (Yukon) ist eine Geisterstadt im kanadischen Territorium Yukon. Die Siedlung entstand im Winter 1887 an der Mündung des Fortymile River in den Yukon, nachdem 1886 in der Nähe Gold gefunden worden war. Forty Mile war die erste Stadt im Yukon-Territorium. Zur Blütezeit Ende des 19. Jahrhunderts hatte der Ort 700 Einwohner. Seit 1998 befindet sich Forty Mile zusammen mit den historischen Stätten Fort Constantine und Fort Cudahy im gemeinsamen Besitz und unter gemeinsamer Verwaltung der Tr'ondëk Hwëch'in First Nation und der Regierung des Territoriums.

hatte ich die nicht geschafft. – Um sieben Uhr morgens lief ich wieder los. Mit nüchternem Magen und zwei Stunden später als beabsichtigt war ich endlich an meinem Etappenziel.

An der historischen Siedlung angekommen, wurde ich erneut von Hundegebell empfangen. Dieses Mal kam es von einem großen schwarzen Lockenschopf, der nur seine Streicheleinheiten abholen wollte. Kurz darauf kam ein älterer Mann aus der Hütte, in der ich just in der nächsten Nacht hatte schlafen wollen. Na gut, dachte ich, ich werde schon nicht verhungern, und schlafen kann ich überall.

Ein der alten Hütten an der Mündung vom Fotry Mile River in den Yukon River.

Der Mann bat mich in die Hütte und lud mich gleich zum Frühstück ein. Ein Frühstück der ganz besonderen Art bot er mir an: Selbstgefangener und eingelegter Lachs aus dem Yukon River ist nicht gerade etwas Alltägliches für einen einfachen „Deutschmann". Dazu gab es geröstetes Brot, Käse, einen Apfel und Kräutertee, was ich sehr verwunderlich fand. Ich hatte immer geglaubt, dass Amerikaner und Kanadier nur Kaffee trinken.

Dann zeigte er mir auf seiner Karte, wo ich Alaska verlassen und Kanada betreten hatte. Ich selber hatte davon gar nichts mitbekommen, es ist ja eine sogenannte Grüne Grenze, an der kein Zollhäuschen steht.

Das internationale Frühstücksgespräch war nicht ganz einfach für mich, da es mit meinen Englischkenntnissen nicht gerade zum Besten bestellt ist. Trotz allem war es eine interessante Unterhaltung und ich bewunderte den alten Herrn, der mit seinen achtundsiebzig Jahren noch solche Strapazen auf sich nahm: Mit dem Schneemobil und einem großen Hund war er den Weg von Eagle bis hin zur Hütte gefahren, um dort auf einen Freund aus Dawson City zu warten. Jedes Jahr würden sie sich an diesem Ort treffen, um miteinander zu plaudern, erzählte er mir. Der Freund sei mit seinem Schlittenhundegespann bereits auf dem Weg und ich würde ihm sicher begegnen. Nach ungefähr zwei Stunden setzte ich mich wieder in Bewegung, denn mein nächstes Etappenziel war die berühmte Goldgräberstadt Dawson City, die mir schon ein bisschen vertraut war. Nach meiner Berechnung und wenn alles so gut weiterlief wie bisher, würde ich am nächsten Tag gegen zwölf Uhr mittags dort sein.

Die Temperatur stieg langsam an, es war bei Weitem nicht mehr so kalt wie in Fairbanks. Das Thermometer zeigte minus fünfundzwanzig Grad Celsius und das – auch wenn man es nicht für möglich hält – ist zu warm.

Im Laufe des Mittags begegneten mir zwei Gespanne, die kurz stoppten und deren Mitfahrer sich mit mir unterhielten. Zuerst kam der Freund des alten Herrn, der mit seiner Tochter auf dem Weg zur Hütte war. Mit Händen und Füßen tauschten wir ein paar Neuigkeiten aus, zum Beispiel wie der Trail beschaffen war, und ob es Overflow auf der Strecke gab, wo ich herkam. Sie fragten, wohin ich wollte und zum Schluss teilte mir der Mann noch mit, dass seine Tochter noch in derselben Nacht zurück nach Dawson City fahren würde. Sollten wir uns treffen, so wäre beiden geholfen, denn an einem Lagerfeuer ist es zu acht gemütlicher als alleine. Nun denn, lasse ich mich mal überraschen, dachte ich mir. Nachdem wir uns verabschiedet hatten, ging jeder seine Richtung weiter und nach wenigen Minuten waren sie schon nicht mehr zu sehen. Vielleicht bekäme ich ja tatsächlich noch in der Nacht Damenbesuch mit sechs Hunden, das wäre wirklich mal eine Abwechslung.

Ich hatte das Gefühl, dass die Zeit heute schneller lief oder lief die Zeit in Kanada generell etwas schneller? Natürlich nicht, es war wohl einfach ein gemütlicher Tag. – Ich war auf jeden Fall schon einige Stunden in der Dunkelheit unterwegs und hatte noch kein einziges Mal auf meine Uhr geschaut. Und doch war es schon elf Uhr geworden, stellte ich auf einmal ganz verwundert fest. Ich hielt mit meiner Stirnlampe Ausschau nach einem Platz mit Feuerholz und ebenen Untergrund. Es brauchte nicht lange und ich wurde fündig. Das abendliche Ritual – Feuer machen, kochen, Schlafplatz einrichten – klappte heute wie am Schnürchen und nach einer Stunde war ich bettfertig.

Es ist nicht immer einfach, sich einen geeigneten Schlafplatz herzurichten. Oft sind Wurzeln oder abgebrochene Äste der Grund für einen unbequemen Schlaf.

Aber auch das Einbetten im Schlafsack muss etwas schneller gehen als im warmen Sommer. Erst muss alles bereit liegen: Trinkrucksack, Spot, Sattelitentelefon und Fotoapparat einschließlich Ersatzbatterien. Dies alles ist mit mir im Schlafsack, der noch bei minus fünfundvierzig Grad Celsius mollig warm bleibt. Auf dem Trail sind diese Dinge immer am Körper, da sie sich in der Pulka bei den Temperaturen schnell entladen würden.

Geschlafen habe ich in dieser Nacht wie ein Murmeltier und bin erst um acht Uhr morgens aufgewacht. Schnell packte ich meine Sachen und machte mich wieder auf den Weg, ich wollte ja zum Mittagessen in Dawson City sein. Der Untergrund vom Trail war genial, ich machte Meter wie ein Weltmeister und schaffte es tatsächlich, um kurz nach zwölf am Ziel in Dawson City zu sein.

Halbzeit

Nach 77 Kilometern flussaufwärts überquerte ich die Eisbrücke des Yukon in Richtung Dawson City, wo ich am Ufer schon empfangen wurde. Es war ein Mann von der Presse, der sofort Bilder von meiner Ankunft machte. Nach einem kurzen Interview verabredeten wir uns im Hotel Downtown, wo ein Dolmetscher auf mich wartete.

Nach zehn Minuten Fußmarsch kam ich am Hotel an und wurde von einem jungen Mann namens Martin begrüßt. Ich schnallte meine Pulka ab und ging mit ihm ins Restaurant.

Es war schon eine Weile her, dass ich ein Frühstück à la carte genossen und dazu im Warmen und auf einem Stuhl gesessen hatte. Kurze Zeit später kam auch noch der Bürgermeister von Dawson City[4]. Kopfschüttelnd würdigte er mein Vorhaben und gratulierte mir zur bestandenen Etappe und sprach: „Man muss ja schon verrückt sein, um diese Strecke zu Fuß zu gehen, das geht doch mit Hunden bestimmt viel einfacher."

Gut gesättigt von Rühreiern mit Speck und Toast lehnte ich mich zurück, als mir plötzlich einfiel, dass meine Ausrüstung noch vor dem Hotel auf dem Gehweg – oder besser auf dem Holzsteg – stand und ich auch noch kein Zimmer gebucht hatte. Also lief ich schnell raus und holte das ganze Gerödel rein, nahm mir ein Zimmer, duschte und vertrat mir anschließend die Beine, mal so ganz ohne Pulka. Ich kam mir vor, wie ein Storch im Salat, nach fünfzehntägigem Marsch immer mit der Pulka um den Bauch und nun so frei ohne Ballast und Bremse, merkwürdig, wie der erste Mensch.

Martin war so nett und zeigte mir in groben Zügen die historische Stadt. Danach gingen wir Lebensmittel und kleine Andenken einkaufen. Ich musste unbedingt meinen Proviant auffüllen für die nächsten Tage: Suppen, Schokolade, Benzin für den Kocher und Strümpfe und Handschuhe standen auf dem nichtvorhandenen Einkaufszettel. Mit vollgepackten Plastiktüten, als würde ich die halbe Stadt versorgen wollen, gingen wir wieder zum Hotel zurück durch Dawsons Straßen. Es war ein Bild für die Götter.

Im Hotel angekommen, ging ich gleich in die Hotelbar, um noch einen Schlummertrunk zu mir zu nehmen, denn so langsam meldete sich die Müdigkeit. Kein Wunder bei dem Einkaufsstress, und zudem nach fünfzehn

---

[4] Dawson City ist die wohl meist bekannteste Stadt im Territorium, sie liegt ungefähr 127 Kilometer von der Grenze zu Alaska und 540 Kilometer von Whitehorse entfernt direkt am Yukon River. Dawson ist durch den Goldrausch Ende des 18. Jahrhunderts bekannt geworden und natürlich durch den Schriftsteller Jack London, den ich schon als Kind und bis zum heutigen Tage bewundere.

Tagen Totenstille. Es war ein eigenartiges Gefühl, wieder in der Zivilisation zu sein, alles kam mir irgendwie fremd vor. Auf der einen Seite freute ich mich, unter Menschen zu sein, aber andrerseits konnte ich es kaum erwarten, wieder auf den Trail zu kommen. Martin und ich verabredeten uns für den Abend, um eine Kleinigkeit zu essen, dann ging ich aufs Zimmer, spannte eine Leine quer durch den Raum und hängte meine Klamotten samt Schlafsack zum Trocknen auf.

Gegen neunzehn Uhr ging ich mit Martin zum Essen. Wir unterhielten uns sehr gut, als würden wir uns schon eine Ewigkeit kennen. – Martin ist vor ein paar Jahren im Urlaub in Dawson City hängengeblieben, aber nicht wegen dieser alten Goldgräberstadt, vielmehr wegen Kristy, seiner jetzigen Freundin.

Ich hatte eine Übernachtung in Dawson City eingeplant, es wurden dann aber doch zwei. Der Grund dafür war die feuchte Kleidung und vor allem der Schlafsack, der länger zum Trocknen brauchte. So füllte ich am nächsten Tag noch mal meine ausgebrannten Speicher und schlief in einem kuscheligen weichen Bett. Ja, ja, ich weiß, das hört sich an wie aus einem Kinderbuch.

Endlich, nach dem Frühstück, begann für mich der neue Tag. Um zehn Uhr war ich auf meinem vertrauten Trail, bei einer Temperatur von minus 30 Grad Celsius und bedecktem Himmel stiefelte ich los in Richtung King Solomons Dome, der mit 1313 Metern der höchste Berg auf meiner Strecke war. Nach einer guten Stunde Fußmarsch auf ebenem und hartem Untergrund begann der 24 Kilometer lange und zähe Anstieg zum Gipfel. Der Weg führte durch eine Goldmine, vorbei an einem Restaurant und einem „Schwimmbagger", der als Museum restauriert worden war. Leider war es in den Wintermonaten geschlossen und somit setzte ich meinen Weg ohne Unterbrechung fort.

Blick in die unbegrenzt verschneite Landschaft.

Der Dome war noch lange nicht zu sehen und ich konnte mich nicht mehr daran erinnern, wie steil der Weg bis zur Spitze ist, aber das war mir jetzt auch nicht so wichtig. Hauptsache es war kein Schneesturm wie im vergangenen Jahr beim YAU. Da war ich auf dem Gipfel in einen Schneesturm geraten, der so heftig war, wie ich es nur aus Spielfilmen kannte. Es schneite so stark, dass mir die weiße Pracht bis zur Gürtellinie reichte.
Stetig ging es bergauf und mir wurde immer wärmer, aber nicht wegen der Anstrengung, sondern weil sich das Wetter veränderte und die Wolken immer dichter wurden, bis es zu schneien begann. Mir fiel sofort der Schneesturm vom letzten Jahr ein. Den Genuss einer

schönen Aussicht konnte ich wohl vergessen. Das einzige, was ich sah, war der Schnee vor den Augen. „Oh nein, nicht schon wieder", dachte ich mir.

Der Himmel wurde durch das Fortschreiten der Tageszeit und die Wolken immer dunkler. Ich musste aber auf jeden Fall über den Gipfel kommen, um nicht eingeschneit zu werden. Doch plötzlich ließ das Wetter Gnade mit mir walten und die Wolken waren wie weggeblasen.

Dick eingepackt, denn Mundgeruch macht einsam.

Im Abendlicht kam ich dann doch noch auf meine Kosten, abgesehen davon, dass ich mich durch knietiefe Schneeverwehungen kämpfen musste. Von hier oben war die Aussicht grandios und ich war sprachlos über die grenzenlose Schönheit der Landschaft.

Jetzt musste ich aber nichts wie runter vom Gipfel, bevor es sich das Wetter noch mal anders überlegte. Mit gutem Tempo ging es bergab auf einer frischen Schneedecke, die nicht allzu tief war. Ich nahm mir vor, bis zehn Uhr nachts weiterzumarschieren und so nebenbei nach einem gemütlichen Schlafplatz Ausschau zu halten. Es war nicht so einfach, eine geeignete Stelle zu finden, es ging ja immer steil talwärts. Doch irgendwann nahm ich die Hanglage in Kauf und schlug mein Nachtlager auf. Ausreichend Holz für einen gemütlichen Abend am Feuer zu sammeln, hatte für mich die oberste Priorität, ich erwartete zwar keinen Besuch, aber mir war heute einfach danach. Drei Stunden saß ich dann mutterseelenallein am Lagerfeuer und träumte vor mich hin, wie schön es doch auf dieser Welt sein kann. Irgendwann legte ich mich dann doch hin und nahm eine Mütze voll Schlaf, denn ich war ja noch nicht in Whitehorse.

Mein knurrender Magen weckte mich in den frühen Morgenstunden auf, ich steckte den Benzinkocher zum Wasserkochen an und bereitete mir ein „leckeres Mahl" zu. Huhn mit Reis stand auf der Speisekarte, statt Brot musste eine Tafel Schokolade herhalten, was nicht unbedingt ein kulinarischer Hochgenuss war. Aber wie ein altes Sprichwort sagt: „Der Hunger treibt's rein", und im Magen kommt sowieso alles zusammen.

In vertrauten Gefilden

Ab heute war ich gefühlsmäßig wieder zu Hause, alles war vertraut und ich konnte mich an viele Stellen erinnern. Mir war, als wäre ich erst gestern vorbei gekommen. Und trotzdem war alles wie neu, da ich in die entgegengesetzte Richtung lief. – Jetzt konnte ich die Tage bis nach Whitehorse zählen, und der nächste Checkpoint in Scroggie Creek war nur noch eine Tagesetappe entfernt. Als ich auf den Fluss kam, war vom Trail keine Spur zu sehen, er war ohne Schnee und Marker. Der starke Wind hatte alles weggefegt. So musste ich mich nach den Spuren der Schlitten und Skidoos richten. Dies bedeutete für mich, dass ich wie ein Schießhund aufpassen musste, um den Checkpoint nicht zu verfehlen.

Vor Einbruch der Dämmerung erkannte ich einen hellbraunen Punkt am anderen Ufer. Das muss Scroggie Creek sein, dachte ich, und so war es dann auch. Der Weg vom Fluss zur Hütte war zwar kurz, aber sehr steil. An der Hütte war ein Schild an der Außenwand neben der Eingangstür angebracht: „Fisse go", stand darauf. Eine nette Begrüßung von Jessica und Mike, die mir außerdem auch noch reichlich Proviant auf den Tisch gestellt hatten. Die Hütte war nagelneu und für den Yukon Quest erbaut worden, als Checkpoint für die Musher. Gegenüber stand noch die alte Hütte. Sie wurde jetzt als Lager für das Baumaterial genutzt. Im Jahr 2007 wurde ich an dieser Stelle aus dem YAU genommen, weil das Thermometer minus 55 Grad Celsius anzeigte. Genauer gesagt, wurden alle rausgenommen, denn an dieser Cabin wurde der Event abgebrochen. Die knackigen Temperaturen sollten weiter fallen, bis auf minus 60 Grad Celsius, und dann wird es lebensbedrohlich. Mike hatte mich nach einer kurzen Aufwärmzeit an das andere Flussufer in eine andere Hütte gefahren. Der Ritt auf dem Schneemobil bei den Minusgraden war nicht gerade ein Vergnügen gewesen, aber notwendig, denn die kleine Cabin hätte nicht Platz für uns alle gehabt. Wir waren damals fünf Personen gewesen, davon drei Läufer, die nun der Dinge harren und auf weitere Order warten mussten. Einen Tag später hatte Mike einen Anruf über Sattelitentelefon bekommen, dass wir mit einem Flugzeug ausgeflogen werden sollten. Andy und Tom, die auch am Event teilgenommen hatten, und ich wurden mit Sack und Pack auf den gefrorenen Fluss gefahren, wo die Landebahn für das kleine feuerrote Flugzeug präpariert worden war.

Die alte Hütte in Scroggie Creek, klein aber fein.

Die neue Hütte gegenüber.

Das Betreuerteam, Mike und Pete, musste dann mit den Skidoos den langen Weg von zirka sechs Stunden zur Pelly Farm zurückfahren.

Ich betrat die Hütte und heizte erst mal ordentlich ein. Bis die Hütte sich langsam aufwärmte, holte ich meine Pulka rein und räumte aus, was ich alles für die Nacht brauchen würde. Ich kochte mir was zu essen und schrieb dann an meinem Tagebuch weiter, bis mir die Augen zufielen. In dieser Nacht schneite es nur wenig, so drei bis vier Zentimeter, und die Temperatur lag bei knappen minus 30 Grad Celsius, es war also auszuhalten.

Ausgeschlafen und nach getaner Arbeit – Holz nachfüllen, Hütte fegen – war ich wieder unterwegs. Bei leuchtendem Sonnenschein, mit Luchsspuren im frischen Schnee vor mir, startete ich erholt in den neuen Tag.

Mein nächstes Ziel war die Pelly Farm, wo ich schon mehr oder weniger zur Familie gehöre. Aber bis dahin lag noch eine Nacht dazwischen und so lief ich vor mich hin die leicht hügelige Strecke durch die bewaldete Winterlandschaft. Meine einzigen Begleiter waren die Raben am Himmel, sonst war außer Tierspuren im Schnee nichts zu sehen.

Meine Beine waren heute nicht zu bremsen, alles lief wie am Schnürchen und außer zwei kleineren Pausen gönnte ich mir nichts. Irgendwie hatte ich das Gefühl, ich könnte die Farm noch in dieser Nacht erreichen, so gut war ich drauf und die Zeit rieselte wie durch eine große Sanduhr.

Es war schon acht Uhr abends, als ich mich entschloss, kurz etwas zu kochen. Es würde unter Umständen eine lange Nacht werden. Spaghetti Bolognese aus der Fertigpackung war das, wonach mein Magen jetzt verlangte, also nichts wie ran. Für diesen kleinen Aufwand war ich mit dem Trail als Speisesaal zufrieden. Während das Wasser kochte, verzichtete ich nicht auf den Luxus eines kleinen Lagerfeuers. Das dient ja nicht der Romantik, nein, vielmehr, um sich zu wärmen. Wärmendes Licht ist für das Wohlbefinden einfach ungeheuer wichtig, für Hände, Füße und das Gesicht. Nach einer guten Stunde ging es in Richtung Pelly Farm weiter und ich roch schon förmlich die selbstgebackenen Cookies von Sue.

Bei etwas Gegenwind begann es wieder leicht zu schneien. Wie sollte es auch anders sein! Doch dann hörte ich aus der Ferne die Motorengeräusche von Schneemobilen. Ich konnte nur nicht orten, aus welcher Richtung sie kamen, also war ich auf der Hut. Auf einmal blitzte Scheinwerferlicht durch den verschneiten Wald und zwei Skidoos kamen auf mich zu. Ich ging an die rechte

Seite vom Trail und blieb dort stehen, um sie vorbeizulassen, aber sie blieben auch stehen. Was nun? Es waren drei Schatten im Scheinwerferlicht zu sehen, nein, es waren sogar vier. Der eine kam von einem Hund, der jetzt lautlos auf mich zu rannte, die drei anderen Schatten blieben stehen. Ein blödes und ungutes Gefühl fuhr mir durch den Magen, bis der Hund heran war und freudig an mir hochsprang. Es war der Hund von der Pelly Farm, und dann war mir klar, wer die drei anderen Schatten waren: Sue, Dale und Kevin. Ich wusste, jetzt ist es nicht mehr weit. Ich ging lächelnd auf sie zu und wir begrüßten uns freudestrahlend nach einem Jahr, in dem wir uns nicht gesehen hatten.

Die Überraschung war ihnen voll und ganz gelungen und sie war uns allen anzusehen. Tja, und wie es sich für einen richtigen Kanadier gehört, war der Kaffeebecher nicht weit entfernt. Wir tranken zur Begrüßung Kaffee mit Baileys und rauchten eine Zigarette auf dem Trail. Wir hatten uns sehr viel zu erzählen nach einem Jahr, aber allzu lange konnten wir uns nicht in der arktischen Kälte aufhalten. So machte Sue mir einen Vorschlag: Es waren noch elf Meilen bis zur Farm. Allerdings gab es in vier Meilen Entfernung eine uralte Trapperhütte, nur wenige Minuten vom Trail entfernt. Ob das nicht ein Highlight für meine Tour wäre? Und bis zur Farm sei es ohnehin noch ein ordentliches Stück zu gehen.

Nun denn, es bedurfte keine Sekunde der Überlegung, ich war selbstverständlich damit einverstanden und machte mich mit Dale sofort auf den Weg. Sue und Kevin fuhren mit ihren Skidoos vor und heizten die Cabin schon mal kräftig ein. Nach einer guten Stunde strammen Fußmarschs erreichten wir zwei die sehr primitive rustikale Hütte, die nur so anspruchslosen Gemütern wie uns genügte. Dale und ich hatten eine fast rekordverdächtige Schlagzahl vorgehalten und wir waren entsprechend erschöpft.

Das Bett, wenn man es als solches bezeichnen will, war eine einfache Holzpritsche mit einer Länge von einem Meter fünfzig und zirka sechzig Zentimeter breit, was aber für eine Nacht völlig ausreichend ist. Außerdem gab es einen Tisch, dessen Fläche etwas größer als ein breiter Stuhl war. Aber der Ofen – oder „Hippiekiller", wie ihn die Einheimischen nennen – war heiß wie die Sonne und auf ihm stand, als Sahnehäubchen, ein Kochtopf mit Suppe. Der Inhalt wartete nur darauf, von mir verzehrt zu werden. Warum man die Öfen in den Hütten Hippiekiller nennt, wusste ich lange nicht, bis man mir diesen, vielleicht unschönen, Ausdruck erklärte: Vor vielen Jahren, als die Aussteiger Kanada besiedelten und sich in den Cabins einlebten, war es oft vorgekommen, dass durch falsche Handhabung der Öfen, der Sauerstoff in der Hütte ausging und die Menschen am nächsten Morgen nicht mehr aufwachten. Nun gut, ich wusste zum Glück, worauf ich achten musste.

Ich richtete nun mein Quartier hier ein und schlemmte den Eintopf von Sue, der nicht nur aus Gemüse bestand, sondern auch eine reichliche Fleischeinlage enthielt. Ich schätze mal ganz grob, dass es mindestens 200 Gramm Elchfleisch waren, die mir eigentlich auch zustanden nach diesem Rekordlauf.

Die uralte Cabin dient nur noch als Notunterkunft für Trapper.

Die Bradlys setzten sich nun wieder auf ihre Skidoos und verabschiedeten sich bis morgen. Als sie wissen wollten, wann ich denn ungefähr auf der Farm eintreffen würde, sagte ich: „Ich denke, zur Mittagszeit werde ich wohl da sein, wenn mir der Sturm keinen Strich durch die Rechnung macht."

Es begann tatsächlich allmählich zu stürmen und der Wind, der durch den Wald heulte, wurde zunehmend stärker. Die Baumwipfel, die ich mit der Stirnlampe im Auge behielt, bogen sich so stark, als müssten sie sich übergeben, und mir war klar, einen perfekten Schutz würde mir die Hütte letztlich auch nicht bieten. Grüne Nordlichter streiften durch die Zweige und Spitzen, sodass der fantastische Anblick schon fast ins Unheimliche überging. Waren es die Geister der alten Indianer? – Was sollte ich mir eigentlich groß Gedanken über die

Bäume und die Hütte machen, es ist ja nicht meine eigene. (Späßle!) Nein, ich machte mir wirklich keine Gedanken über den Sturm und die Nordlichter, denn das
wäre nicht gut für meinen wohlverdienten Schlaf gewesen und außerdem hätte ich ja sowieso nichts dagegen
unternehmen können, außer vielleicht beten. Aber ob
das hilft? Vielleicht wäre es einen Versuch wert?

Es war spät geworden und die Müdigkeit holte mich
trotz des Sturms ein und so legte ich mich in das „fran-
zösische" Bett und schlief auch nach wenigen Sekunden
ein, als läge ich in meinem eigenen Bett zu Hause.

Auf zur Pelly Farm

Um Gottes Willen! Ich hatte verschlafen, und das auf der viel zu kurz geratenen Pritsche, ich hätte wohl doch einen Wecker mitnehmen sollen. – Ich feuerte den Ofen an und ließ dabei die Tür weit offen stehen, genau so wie man mich gebeten hatte. Der Grund war einleuchtend: Diese Hütte hat nur deshalb so lange gehalten, weil sich keine Feuchtigkeit in ihrem Inneren gesammelt hatte und somit das Holz nicht faulen konnte.

Auch nach dem Verlassen der Hütte ließ ich die Tür, die nur ungefähr 1,40 Meter hoch war, weit offen stehen. Nicht nur wegen der Feuchtigkeit, nein, auch wegen der Bären im Sommer, wenn die Tür offen ist, müssen sie sie nicht aufbrechen, um nach Fressbarem zu suchen.

Nach einer halben Stunde war ich wieder startklar für die letzten fünf Meilen bis zur Pelly Farm, meiner zweiten Heimat im Yukon. Ich ging durch den Wald bis zum Trail und bemerkte erst jetzt, dass der Sturm nachgelassen hatte. Auch nicht schlecht, dachte ich mir. Die Stille auf dem Trail hielt ungefähr eine Stunde an, als ich auf einmal ein Motorengeräusch aus der Ferne wahrnahm. Plötzlich sah ich das Schneemobil, das Ken von der Pelly Farm fuhr, wohl um nach dem Rechten zu schauen, ob ich die stürmische Nacht gut überstanden hatte. Bei mir angekommen, reichte er mir einen Thermosbehälter und fragte ganz gelassen: „Hast du gut geschlafen? Trinke erst mal einen Kaffee und rauch deine Zigarette, ich muss eine Stelle zum Wenden suchen." Gesagt, getan, nach wenigen Minuten stand er auch schon wieder mit strahlenden Augen bei mir.

„Wie lange wirst du noch bis zur Farm brauchen? Willst du dann gleich etwas Richtiges essen oder erst einen Kaffee mit Cookies zu dir nehmen?" Die Antwort las mir Ken sicher von den Augen ab: Kaffee und Cookies. Mit einem Grinsen im Gesicht startete Ken sein Skidoo und preschte den Trail in Richtung Farm hinunter. So machte ich mich nach diesem Blitzfrühstück gleich wieder auf die Socken, denn es warteten schließlich leckere Cookies und Kaffee auf mich. Die Zeit verging wie im Flug und knapp zwei Stunden später erblickte ich auf einer Anhöhe mein Ziel: die Pelly Farm. Die Farm liegt in einem wunderbaren Tal direkt am Pelly River, der nach wenigen Kilometern in den Yukon River mündet. Ein riesiges Ersatzteillager auf der anderen Seite der Farm deckte eine quadratmetergroße Fläche ab. Dies ist aber auch von großem Vorteil, denn die nächste Stadt, Pelly Crossing, ist noch 50 Kilometer entfernt.

Die letzten hundert Meter stapfte ich über die schneebedeckte Wiese zur Farm, wo ich auch gleich mit lautem Gebell vom Cockerspaniel begrüßt wurde, und ein paar Sekunden später von Ken. Ich parkte meine Pulka am gewohnten Platz neben dem Eingang und ging mit Ken und dem Hund ins Haus, wo es wunderbar nach Kaffee duftete. Im warmen Wohnzimmer auf dem großen Tisch stand auch schon eine runde Blechdose voller selbstgebackener Cookies. Nachdem Ken eine Kanne Kaffee hereingebracht hatte, konnte es endlich losgehen mit dem zweiten Frühstück. Die erste Dose mit den leckeren Keksen war schnell leergegessen und Ken holte die nächste aus dem Schrank, die allerdings auch nicht lange voll blieb. Von jetzt an musste ich mich gewaltig beherrschen, dass ich nicht noch nach einer dritten Dose fragte.

Ken ging zur Kommode und zog das Gästebuch heraus, legte es vor mich hin und bat mich um einen Eintrag. Das hat ja noch Zeit, dachte ich mir, denn seit dem Jahr 2004 habe ich mich jedes Jahr eingeschrieben, wenn ich die Farm besuchte.

Eins der vielen riesigen Elchgeweihe.

„Komm, wir machen ein paar Fotos mit den Geweihen", sagte Ken zu mir. Wir suchten uns natürlich das größte aus dem Haufen heraus. Nach dem Fotoshooting tappten wir wieder zum Haus zurück, um uns auf das späte Mittagessen vorzubereiten. Es war schon halb vier geworden und ich wollte noch heute Abend nach Pelly Crossing weiter. Nach meiner Berechnung würde Pelly Crossing aber, wenn ich gegen sieben Uhr abends losliefe, bei meiner Ankunft im Tiefschlaf liegen. Also war noch eine Übernachtung notwendig. Da die Route auf dem Pelly River entlang führte, würde ich auf dem Fluss schlafen müssen, aber das war ja nicht das erste Mal.

Doch es kam, wie es kommen musste, ich kam von der Farm an diesem Tag nicht mehr weg. Warum, ist nicht schwer zu erklären: Dale kam zur Tür herein, setzte sich zu uns an den Tisch und Ken begann das Mittagessen aufzutischen. Es war mal wieder die beste Lasagne, die man in Kanada bekommen kann, und dazu gab es auch noch das beste Wasser, aus der eigenen Quelle, wobei ein roter Italiener auch nicht zu verachten gewesen wäre. Aber woher nehmen? – War auch nicht so wichtig!

Nach und nach füllte sich das Wohnzimmer, als wäre heute Tag der offenen Tür, was aber auf der Farm ganz normal ist. Jeder, der in dieser Ecke etwas zu tun hatte, warf einen Blick bei den Bradlys rein. So kamen zwei Männer von einer Telefongesellschaft, um nach dem Weg nach Scroggie Creek zu fragen, zwei waschechte Trapper, die auf dem Weg zu ihren Cabins waren. Auch von denen erhielt ich wieder einmal viele hilfreiche Tipps für das harte Leben im Busch, vor allem im Winter. Sie rieten mir auch davon ab, auf dem Pelly River nach Pelly Crossing zu laufen, der Trail sei durch das „warme" Wetter sehr sulzig geworden und ich würde meine Mühe haben, die Strecke mit Genuss zu bewältigen. Ich ließ mich schnell überzeugen, den Fahrweg nach Pelly Crossing zu nehmen. Wenn die Trapper schon mit ihren Schneemobilen zu kämpfen hatten, wieso sollte es dann bei mir zu Fuß besser laufen?

Kurz vor Einbruch der Dunkelheit machten sich die Trapper wieder auf den Weg und ich wollte es ihnen gleich tun, nur eben in die andere Richtung. Da fuhr plötzlich ein Pickup in den Hof und Sue stieg aus. Mir wurde sofort klar, dass ich an diesem Abend die Farm nicht mehr würde verlassen können. Sue setzte sich nicht zu uns an den Tisch, nein, sie stellte sich gleich an den Herd und setzte Wasser für die Spaghetti auf. Nebenbei kochte sie eine Hackfleischsoße, die einen sehr appetitlichen Geruch im Wohnzimmer verströmte.

„Dies ist keine gewöhnliche Bolognese, wie du sie aus Deutschland kennst. Ich verwende Moosfleisch – zu Deutsch Elchfleisch – und Karibufleisch, das gibt dir Kraft und Ausdauer." Jetzt ging mir ein Licht auf, das leckere Essen sollte mir als Proviant dienen, damit ich die letzten 300 Meilen nicht hungrig absolvieren musste. Und das war noch nicht alles, was ich mitbekommen sollte. „Möchtest du noch selbstgefangenen Lachs aus dem Pelly River, den wir im Sommer eingelegt haben? Und hast du denn auch noch Brot dabei?"

Im ersten Augenblick war ich sprachlos und dachte so für mich: Wer soll denn die ganzen Gerichte verzehren, oder soll ich mich als Imbisswagen verkleiden und auf dem Trail das Essen verkaufen? – Aber was denk ich da nur für einen Blödsinn, ist doch Ehrensache, dass ich alles nehme, was ich von guten Freunden angeboten bekomme. Sie wollen ja nur das Beste für mich. Zu guter Letzt brachte mir Dale noch eine Packung Cornflakes XXL mit Honig und Rosinen, aber ohne Milch, und als kleine Zugabe, oder als Snack für zwischendurch, noch eine Tüte mit verschiedenen Beeren und Nüssen. Der Gabentisch wurde immer voller und in meinen Gedanken konnte ich es kaum erwarten, dass ich auf dem Trail die erste Mahlzeit zu mir nehmen konnte.

Pasta und Soße waren nun soweit fertig, dass ich im Grunde gleich hätte anfangen können, die erste Portion zu vertilgen. Aber nein, wer kann schon diese Mengen auf einmal essen? So sah es Sue auch. Sie mischte Spaghetti und Soße zusammen, füllte sie in einzelnen Portionen in Gefrierbeutel und ließ sie abkühlen.

Dann wurde alles eingefroren, denn bei den Minusgraden würde sich das Essen notfalls bis nach Whitehorse halten. Dasselbe geschah mit dem eingelegten Lachs, auch er wurde in Gefrierbeutel gefüllt und tiefgefroren.

Frischer Lachs, das gibt es nur im Yukon.

Tja, somit war der Abend gelaufen und ich holte meinen Buko, den Beischlaf-Utensilien-Koffer, aus der Pulka und brachte ihn ins Gästezimmer.

Es dauerte dann auch nicht mehr allzu lange, bis wir alle die nötige Bettschwere hatten und nach einer Gute-Nacht-Zigarette halbtot ins Bett fielen. Am nächsten Morgen wollte ich schließlich wieder auf der Matte stehen, was ich auch tat. Sue hatte schon den Kaffee aufgesetzt und den Teig für die Pancakes angerührt. Sie kannte mich nun schon einige Jahre und wusste, dass ich nach drei bis vier Pfannkuchen immer noch hungrig vom Tisch gehen würde und beachtete dies. Sie wusste von meinem Rekord im Pancakes-Essen, den ich vor ein paar Jahren aufgestellt hatte, als ich elf Stück zum Frühstück aß, und dazu bestimmt einen viertel Liter Ahornsirup verspeiste. Dale gab mir damals den Namen Wolf, mit der Begründung: „Wenn du einmal am Essen bist, dann isst du wie ein Wolf – so viel, dass du die nächsten fünf Tage nichts mehr brauchst."

Nach dem Frühstück packte ich meine Sachen und verabschiedete mich von meinen Freunden von der Pelly Farm. Ich gebe es ehrlich zu, es fiel mir nicht gerade leicht.

Ich begab mich also auf den Weg in Richtung Pelly Crossing und das schon morgens um acht Uhr. Mein Ziel war es, gegen sechs Uhr abends in der Stadt zu sein, denn der Supermarkt an der Tankstelle schloss um sieben. Ich wollte mich einmal in einen Kaufrausch begeben, mit einem riesigen Einkaufswagen wie ein Pionier zwischen den vollgestopften Regalen durchsausen und dann völlig erschöpft an die Kasse kommen und nur ein Päckchen Tabak kaufen. – Nein, das ist natürlich völliger Quatsch! Ich wollte nach ein paar Dingen zum Essen oder Trinken schauen, die ich noch nicht kannte. Aber bis dahin musste ich erst noch fünfzig Kilometer hinter mich bringen. Ich lief auf der einzigen Zufahrtsraße zur Pelly Farm, dazwischen war nichts weiter, nur ein paar Fischcamps. Wenn ich mir das für uns in Deutschland vorstelle … da käme ich sehr schnell an meine Grenzen. – So zog ich mit meiner Pulka auf der mit Neuschnee bedeckten Fahrbahn meine Spur nach Pelly Crossing. Mein Weg führte mich durch eine unberührte Waldlandschaft mit unzähligen Kurven und nicht unerheblichen Steigungen sowie sehr steilen Gefällstrecken. Trotz allem war ich mit meiner Marschzahl sehr zufrieden, sodass ich mir nach vier

Stunden und etwa 25 Kilometern eine kleinere Pause genehmigte. Auf einer Anhöhe, mitten in einer Linkskurve, versuchte ich die Cornflakes mit Rosinen im trockenen Zustand zu verzehren und ich war positiv überrascht, wie gut das trockene Zeug schmeckte. Um die ganze Sache abzurunden, durfte eine Verdauungszigarette natürlich nicht fehlen. Aber dann war auch genug pausiert, ich hatte schließlich noch ein paar Kilometer vor mir. Als ich so weiter lief, erkannte ich auf einmal ein paar Stellen wieder, an denen ich bei meiner ersten Teilnahme am YAU von Polarlichtern regelrecht überfallen worden war. Dieses Bild stand mir so deutlich vor Augen, dass ich das Gefühl hatte, es sei erst letzte Woche gewesen; solch ein Naturschauspiel wird nie im Leben aus meinem Kopf verschwinden. Für mich sind auch heute noch die Polarlichter ein gutes Zeichen der Götter des Yukon, auch wenn sich das vielleicht ein bisschen merkwürdig anhört. Ich hatte damals das Gefühl von absoluter Freiheit und Kraft, als würde mich etwas Höheres begleiten.

Es konnte nun nicht mehr lange, bis ich aus dem Wald herauskam. Ich konnte Pelly Crossing jetzt fast sehen und wenn ich mir die letzten Stunden noch mal durch den Kopf gehen ließ, war ich wieder einmal mutterseelenallein auf der ganzen Strecke gewesen. – Bis auf einen Vierzig-Tonner, der mich in einer Kurve vor dem Berggipfel überraschte und einen kleinen Schock ausgelöst hatte.

Ich erschrak enorm, als das riesige Teil mit mannsgroßen Rädern und einem fünfzehn Meter langen beladenen Aufleger den Berg hoch donnerte. Und als ich dem Trucker in die Augen blickte, sah ich nur noch das Weiße. Ich gehe davon aus, dass er genauso erschrocken war. Wer rechnet schon hier um diese Jahreszeit mit Fußgängern, und aus meiner Sicht mit Lastwagen. Er ließ das Horn ertönen, grüßte mich aus dem geöffneten Fenster und lächelte. Was er dachte, kann ich nur vermuten: „Was ist denn das für ein verrückter Hund mitten in dieser verschneiten, kalten Öde?"

Ich war nicht immer allein.

Die Zufahrtsstraße führte nun allmählich aus dem verschneiten Wald heraus auf eine freie, höher gelegene Fläche, sodass ich den Blick auf Pelly Crossing und den Pelly River genießen konnte. Schon bald erreichte ich die ersten Blockhäuser und bekam die ersten Willkommensgrüße und zwar von zwei wunderschönen, freilaufenden Hunden, die mir nicht mehr von der Seite wichen. Allerdings waren sie wohl eher an dem Inhalt meiner Pulka interessiert als an mir. Kein Wunder, in meinem „Trailer" roch es wie in einem Feinschmecker-

Lokal: nach Lachs, Hackfleisch, Nüssen, Cornflakes und, und, und; da wird jeder Hund schwach. Es ging aber dann gleich weiter mit der Begrüßung, ein Mann kam zur Straße gelaufen, grüßte mich und fragte, ob ich der Mann aus Germany sei, der die ganze Yukon-Quest-Strecke alleine gehen will. Aha, die Rauchzeichen funktionierten besser als ich dachte.

Ich erreichte die Brücke, die über den Pelly River führt, und ging weiter zur Tankstelle. Ich ging allerdings nicht über die Brücke, sondern nahm den Trail auf dem zugefrorenen Pelly River. Es waren nur noch wenige Minuten, die mich von der Tankstelle mit dem Supermarkt trennten, und meine zwei Begleithunde blieben mir treu bis zum Eingang des Supermarktes, wo sie von einem älteren Mann weggescheucht wurden. Dies fand ich nicht so nett, ist aber anscheinend normal. Überraschenderweise begrüßte mich der Mann freundlich und richtete mir schöne Grüße von der Pelly Farm aus. Er hatte, so berichtete er mir, einen Anruf von Sue bekommen, dass ich gleich ankäme, und er möge doch nachsehen, ob bei mir alles in Ordnung sei. Nun kam mir wieder die Idee in den Kopf, dass ich mit dem übergroßen Einkaufswagen durch den Laden rasen wollte, aber das machte ich natürlich nicht. Wie ein anständiger Bürger ging ich zwischen den Regalen durch und hielt Ausschau nach einem Fläschchen Bier, wovon ich aber ganz schnell wieder abkam, nachdem ich einen Blick auf die Menge und vor allem den Preis geworfen hatte. Denn obwohl ich ein Badenser bin, kam da bei mir der Schwabe durch. – Es war kurz vor Ladenschluss und ich musste mich langsam entscheiden, was ich in den Wagen füllen wollte. Endlich fand ich die richtige Stelle, das Kühlregal, das üppig mit Pfefferbeißern und anderen haltbaren Würstchen gefüllt war. Ich rechnete kurz nach, wie viel ich noch bis Whitehorse verzehren konnte und begann mit dem Einladen. Dann nahm ich noch etwas Schokolade und eine große Tüte Studentenfutter mit und ging zur Kasse. Der Chef höchstpersönlich kassierte mich ab und sprach mich auch gleich auf mein Abenteuer an. Er fragte, ob ich nicht ein Zimmer bräuchte, das auf Kosten des Hauses gehen würde.

Mir fiel kein Grund ein, der dagegen sprach und ich nahm dankend an, zumal, als ich den Preis pro Übernachtung las. Neunzig kanadische Dollar waren 65 Euro, nicht gerade ein Sonderangebot in dieser Stadt, wo im Grunde genommen der Hund begraben liegt. Das Angebot war also ein sehr feiner Zug vom Chef des Hauses. Ich erhielt den Schlüssel für mein gesponsertes Zimmer und ging hinter den Supermarkt, wo sich der Eingang befand. Ich öffnete die Tür und betrat das Zimmer. Es war alles vorhanden, was ich für eine Übernachtung brauchte: ein Bett, eine Dusche, eine kleine Küche und, was natürlich nirgends fehlen durfte, ein Fernseher, den ich natürlich absolut nicht brauchte. Wobei ... wenn eine Kochsendung für „Langstreckenwanderer" kommen würde ...

Zunächst legte ich die tiefgefrorenen Lebensmittel von Sue in das Gefrierfach, bis auf eine Portion, die ich nach der heißen Dusche verzehren wollte. Schon während des Duschens freute sich mein Magen auf die Spaghetti mit Hackfleischsoße und ich ehrlich gesagt auch. Nach dem köstlichen Mahl rundeten ein starker Kaffee und eine mit Genuss gedrehte Zigarette das Dinner ab und ich konnte mit gutem Gewissen und vollem Bauch ins Bett, das groß genug für zwei gewesen wäre. Ach Quatsch, war ja nur so ein Gedanke ...

Vor dem Einschlafen ließ ich die letzten Tage Revue passieren und wurde dabei immer abenteuerhungriger.

Kaum konnte ich in diesem Moment den nächsten Tag erwarten und den Zeitpunkt, wieder auf dem Trail zu sein. Meine Gedanken wurden von den indianischen Göttern erhört, ich wachte kurz nach sechs Uhr auf und mein Geist, Körper und Seele waren vollkommen im Einklang mit der Natur. Ich war voller Energie, wie ein Pulverfass aus den Wildwest-Filmen. Also nichts wie raus aus der Koje, ins Bad, eine Tasse Kaffee hinterge-schüttet und ab auf den Trail und die Sonne ins Gesicht lachen lassen, was allerdings noch ein bis eineinhalb Stunden dauern würde.

Von nun an führte der Trail ausschließlich durch den Wald, Seen und Flüsse wurden seltener, dafür ging es stetig bergauf und bergab. Das bedeutete zwar mehr Abwechslung, aber es wurde auch anstrengender, jedoch gab es eine große Auswahl an Lagerplätzen und Feuer-holz.

Meine Beine und mein Kopf ließen mich auch heute nicht im Stich, und mein Magen schien nichts verarbei-ten zu wollen, weshalb ich Pelly Crossing immer weiter hinter mir lassen konnte. Trotz hügeligem Gelände und zum Teil größeren Flächen von Overflow kam ich sehr gut voran, bis ich bei einem großen Umspannwerk eintraf. Die Zeit war wie im Flug vergangen, ich wusste, dass der nächste Checkpoint noch vier Meilen entfernt war und der Trail nun neben dem Highway verlaufen würde. Aber irgendwie war hier etwas anders als früher, große Strommasten aus Holz verliefen kerzengerade in Richtung McCabe Creek, wo die nächste Anlaufstelle sein sollte. Der Trail war so markiert, immer schön an der Oberleitung entlang, mal auf der rechten, mal auf der linken Seite. Das gefiel mir gut – weg vom Highway und alles eben und nur noch geradeaus. Es dauerte aber nicht lange, bis es mir langweilig wurde, und das war auch das erste Mal in den ganzen Tagen. Aber auf beiden Seiten gab es nichts zu sehen, wo sich eine kleine Pause gelohnt hätte, nur bolzengerade die Oberleitung entlang. Der einzige Trost war, dass es nur vier Meilen waren bis McCabe Creek. Vom Bauchgefühl her waren es die längsten vier Meilen, die ich je in meinem Leben gelaufen bin. Härter als die 128 Kilometer beim Tripple Ultra Triathlon, bei dem ich 95 Runden um den Schützenplatz in Lensahn gerannt bin, und das bei einer Affenhitze. Was war nur los, hatte ich meine Motivation verloren oder war dies ein Zeichen von Erschöpfung im Unterbewusstsein? Ich wusste es nicht und ich wollte es auch ehrlich gesagt nicht wissen. Es hätte ja auch nichts geändert.

Nach einer kurzen Zigarettenpause ging es weiter, immer entlang der Oberleitung, bis ich zum Highway kam. An dieser Stelle hörte der Weg auf und ich sah keine Markierungen mehr. Der Trail war höchstwahrscheinlich von Räumfahrzeugen zugeschoben worden, die die Straße geräumt hatten, und irgendwo musste die weiße Pracht ja hin. Im ersten Augenblick war ich orientierungslos und stand auch bald im Dunkeln. „Was tun?", sprach Zeus. Erstmal etwas kochen, dachte ich, schließlich war da noch eine Portion Spaghetti in meiner Pulka, und vom Spazierenfahren würde die auch nicht besser werden. Am Waldrand, kurz vor dem Highway, bereitete ich mir das Abendmahl vor. Ich bahnte mir mit der Schaufel einen ebenen Platz, rollte meine Biskuit-Rollade – die Isomatte – aus und nahm den Benzinkocher in Betrieb. Als der „Ofen" am richtigen Platz stand, kam der Topf mit den leckeren Nudeln darauf.

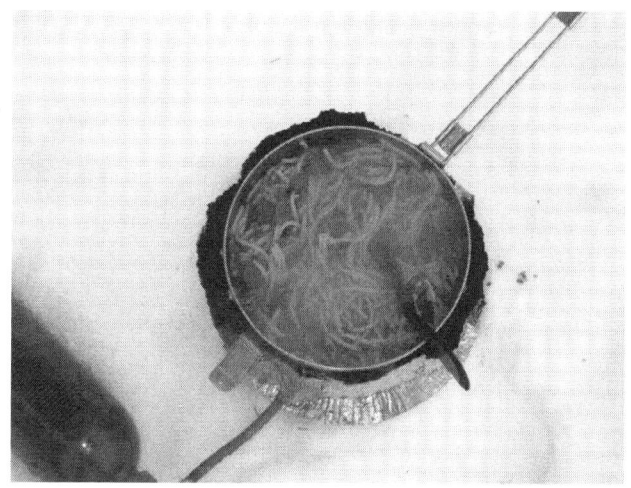

Ohne Dampf kein Mampf.

Damit das Essen nicht zu trocken wurde, streckte ich den Inhalt mit Schnee und hatte somit auch noch etwas mehr Soße. Nebenbei füllte ich meinen Trinkrucksack mit frischem Schnee auf, bis die Spaghetti heiß waren. Es vergingen keine fünf Minuten, bis die rote Soße aus dem Kochtopf spritzte und das war mein Startschuss zum Essen.

Es war wieder mal köstlich und ich genoss jeden einzelnen Bissen, als äße ich in einem Gourmettempel in einem Eishotel und dies wäre die letzte feste Nahrung in meinem Leben.

Selbst als ich später im Sommer diese Zeilen schrieb und mich noch mal daran erinnerte, wäre ich am liebsten gleich zum Kühlschrank gegangen und hätte mir was zum Essen geholt, was allerdings schlecht möglich war, weil ich mitten im Wald auf einem Baumstumpf saß.

Nach dem überaus leckeren Abendessen schloss ich das Mahl mit einem Dessert in Form einer Tafel Schokolade ab. Zur Feier des Tages verzichtete ich heute mal auf den Küchendienst, das Spülen. Eigentlich aus Bequemlichkeit, aber man könnte auch sagen, ich war einfach zu faul dazu. Doch wer gibt schon gern zu, faul zu sein? Sagen wir einfach, ich habe den Abwasch aus Energiegründen unterlassen. Das Benzin könnte knapp werden und warmes Wasser gibt es beim nächsten Lagerfeuer.

Ich packte alles wieder auf die Pulka und suchte den Trail, der hier irgendwo sein musste und nach McCabe Creek führte, das ganz in der Nähe lag. Langsam näherte ich mich der Straße, wo eine Unterführung kommen sollte, die zur Farm führte. Plötzlich stand ich direkt vor ihr, welch ein Glück, ich war wieder auf dem richtigen Weg. Es kam mir alles bekannt vor, angefangen bei der Koppel auf der linken Seite der Zufahrtsstraße bis zu den Hütten rechts davon. Nach wenigen Minuten kläfften mich bereits die freilaufenden Hunde der Farm an und ich wusste nun, dass ich es geschafft hatte – ich war in McCabe Creek.

Am Haus angekommen, schnallte ich mir die Pulka ab, klopfte an und wurde hineingebeten. Auch hier erwartete man mich schon, weil sie meinen Trip, wie viele andere auch, im Internet verfolgt und gesehen hatten, dass ich am Straßenrand eine Pause eingelegt hatte.

Die Hausherrin bot mir Kaffee und selbstgebackene Cookies an und lud mich dann auch noch zum Essen ein: Rindergulasch mit Kartoffeln und Rote Bete als Salat. Zu dumm, dass ich vor einer Stunde meinen Magen gefüllt hatte und nichts mehr reinbekam. Mit einer Ausnahme: Kaffee und Cookies, die finden immer noch Platz. Nach etwa einer Stunde Kaffeeklatsch zog es mich wieder hinaus in die Stille der Nacht, in die

Wildnis auf den verschneiten Trail, obwohl ich ein Gästebett hätte haben können. Ich hätte mir sogar eines aussuchen dürfen. Just in diesem Moment kam die Tochter des Hauses herein und berichtete, dass der Trail und die klare Nacht perfekt zum Laufen seien. Das war aber nicht der Grund, in dieser Nacht weiterzugehen. Morgen früh würde der Trail noch genauso gut sein.

Tja, nun war sie wieder da, die Frage, laufe ich oder bleibe ich. Die Wetterbedingungen und mein körperlicher wie geistiger Zustand waren in bester Verfassung. Aber wann würde ich wieder einmal die Gelegenheit bekommen, auf einer abgelegenen Farm zu übernachten, außer der Pelly Farm?

Ich entschied mich trotzdem für die erste Variante und bevorzugte die Übernachtung im Busch neben dem Trail. Ich machte mich also langsam auf den Weg zum Yukon River runter. Die Tochter und die zwei Hunde begleiteten mich noch bis zum Ufer und kehrten dann wieder nach Hause zurück.

Ich hatte nun für die nächste Stunde keinen festen Boden mehr unter den Füßen, bis ich die andere Seite des Yukon River erreichte. Die Tochter hatte mir nicht zu viel versprochen, der Trail war wirklich wunderbar zum Laufen, die Oberfläche war nicht zu hart und auch nicht zu weich, die Unebenheiten vom „Packeis" hielten sich in Grenzen. Alles zusammen genommen war ich über meine Entscheidung froh. Wobei ich sie nicht bewusst getroffen hatte, es war mein Bauch, der wieder einmal richtig beschlossen hatte.

Es mag für den ein oder anderen lächerlich wirken, wenn ich bei Entscheidungen eher meinem Bauch vertraue als dem Kopf, aber der Grund ist ganz einfach. Mein Bauch kennt nur JA oder NEIN, kein Wenn und Aber, und das macht mir meine Entscheidungen oder

Beschlüsse viel leichter. Ich habe bei den meisten Abenteuern meinen Bauch entscheiden lassen und bin dabei noch kein einziges Mal auf die Nase gefallen, deshalb werde ich dies auch nicht ändern.

Helene und ich streiften nun wieder durch die Wälder des Yukon, immer schön auf dem Quest Trail. Ich kam an einem idealen Lagerplatz nach dem anderen vorbei. Was sollte ich tun, weiter gehen oder die abenteuerliche Lagerfeuerromantik genießen? Da war guter Rat teuer, könnte man meinen, aber so war es nicht. Ich hatte Zeit und konnte in aller Ruhe nach einer schön gelegenen Lagerstelle Ausschau halten, ohne jemanden fragen zu müssen. Ich lief in dieser sternenklaren Nacht bis ein Uhr morgens und habe die angsteinflößenden Schattenspiele – durch meine Stirnlampe und den Mond – mit gespenstischen aber auch lustigen Augenblicken verfolgt und genossen. Was ein Strauch alles bewirken kann, wenn er von einem Lichtschein getroffen einen Schatten wirft, sodass man glauben könnte, es säße ein ausgewachsener Grizzlybär am Boden und warte nur auf einen Kerl wie mich. Elche, vollgestopfte Bären, hungrige Wölfe und Trapper mit Kindern, alles habe ich gesehen, allerdings nur als Fata Morgana, weil ich übernächtigt war, und ich habe mich jedes Mal amüsiert, wenn ich zu den Tieren oder Menschen hinkam und sie sich doch nur als Schatten erwiesen. Halt, stopp, alles zurück, da war doch was – ein genialer Platz, um mein Biwak aufzuschlagen.

Auf der rechten Seite des Weges lag ein umgestürzter Nadelbaum, daneben befand sich ein ungefähr fünf Quadratmeter großer ebener Platz ohne Gestrüpp und lästige Äste, die den Schlafsack beschädigen könnten. – Es war ein Muss, an diesem Platz zu schlafen. Nach genauem Betrachten sah er aus wie ein Stellplatz für ein

Auto, was natürlich ein absolut hirnrissiger Gedanke ist in dieser menschenfeindlichen Gegend.

Also ging ich an die Arbeit, es sollte ja richtig gemütlich werden, mit einem schönen Feuer und weichem Schlafplatz. Zuerst sammelte ich reichlich trockenes Feuerholz und präparierte den Schlafplatz so, dass ich wie in einem Himmelbett schlafen würde. Das Lagerfeuer brannte mit leisem Knistern vor sich hin und strahlte eine wohltuende Wärme in mein durchgefrorenes Gesicht, sodass ich am liebsten die ganze Nacht am Feuer verbracht hätte. Was im Grunde kein Problem für mich gewesen wäre, ich hatte ja Zeit.

Aber ich hatte noch einige Übernachtungen vor mir und vielleicht würde es mich doch noch in einer arktischen Nacht am Yukon überkommen. Vielleicht sähe ich dann farbenfrohe Polarlichter, die wie ein Atemhauch von indianischen Geistern über die Baumwipfel fegen?

Meine innere Uhr weckte mich am nächsten Morgen um sieben Uhr sehr zaghaft und ich wusste nichts mehr von der frostigen Nacht. Ich hatte so tief geschlafen, dass ich nicht einmal wusste, ob ich etwas geträumt hatte, was sehr, sehr selten vorkommt. Ich glaube, ich hätte nicht mal bemerkt, wenn ein Rudel Wölfe um mich herumgetanzt wäre. Es wurde gerade hell und mein Gefühl versprach mir, dass es wieder ein guter Tag werden würde, ohne Probleme. Mein Morgenritual begann mit einer selbstgedrehten Zigarette, bis mein mollig warmer Schlafsack grob ausgelüftet war und dann packte ich auch schon wieder ein. Das restliche Feuerholz legte ich an einen geschützten Platz unter einen großen Baum neben der Feuerstelle. Vielleicht wollte jemand anderes hier auch übernachten oder sich aufwärmen. Ich würde jedenfalls mit Sicherheit in den nächsten Wochen nicht an dieser Stelle vorbeikommen.

Auch Klamotten brauchen ihren Schlaf.

Meine nächste Anlaufstelle war die Stadt Carmacks am Yukon River, die ebenfalls am Yukon Quest Trail liegt. Bis dorthin würden aber noch einige Stunden vergehen und wenn meine Erinnerungen an dieses Gelände mich nicht trog, würde dies keine Kaffeefahrt werden. Der Trail verläuft auf einer alten Minenstraße, die kerzengerade durch einen Fichtenwald führt und dann zurück an den Yukon River. Vorbei an einer historischen Stätte, dem Yukon Crossing, wo bis Anfang des 19. Jahrhunderts ein wichtiger Umschlagplatz war. Verfallene Blockhäuser zeugen noch von den alten Zeiten, als im Winter die Güter, vor allem Lebensmittel, von den Pferdeschlitten auf die Hundegespanne umgeladen und auf dem Fluss in Richtung Dawson City transportiert wurden.

Auf diesem Teilstück auf dem Yukon River war es für mich sehr schwer voranzukommen. Viele Eisbrüche, offene Stellen im Eis, musste ich überwinden und ständig das Ufer wechseln, starker Gegenwind schlug mir ins Gesicht. Ich sah zwar schon von Weitem die verfallenen Blockhäuser am Flussufer, aber ich kam einfach nicht näher. In der Wüste bezeichnet man das als Fata Morgana, aber hier hatte es nur mit dem permanenten Wechsel zwischen den Flussufern zu tun.

Letztendlich kam ich doch gut ans Ziel und genehmigte mir einen kleinen Snack in Form einer quadratisch, praktischen Süßspeise, einer Tafel Schokolade mit Trauben und Nüssen. Gestärkt und mit vollem Magen folgte ich dem Trail nach Carmacks, obwohl mir die andere Richtung lieber gewesen wäre, dann hätte ich nämlich herrlichen Rückenwind gehabt.

Der Himmel verdunkelte sich zunehmend und ich musste nicht mehr nur gegen den lästigen Gegenwind ankämpfen, jetzt fiel auch noch die weiße Pracht auf mich herab. Das konnte ja heiter werden bis Carmacks, dachte ich, wollte aber nicht zu laut klagen, denn bis heute war doch alles ganz gut gegangen und sicher würde es auch die letzten 260 Kilometer so weiterlaufen.

Ich kam nur sehr langsam voran und die Sicht wurde von Kilometer zu Kilometer undurchdringlicher. Der Trail führte plötzlich auf eine Straße, an die ich mich beim besten Willen nicht erinnern konnte, und was besonders ärgerlich war, waren ihre lang anhaltenden Steigungen. Man hätte meinen können, Carmacks läge nicht am Yukon River, sondern in den Rocky Mountains. Der Weg war lang und steil und der Gegenwind blies mir meine letzten Lachfalten aus dem Gesicht. Zwar war meine Motivation trotz allem noch lange nicht am Ende, aber das musste doch nun wirklich nicht sein.

Nach dem mühseligen Anstieg ging es dann endlich bergab, natürlich auch steil, inklusive Gegenwind, der nun so heftig blies, dass ich vom Bergablaufen keinen großen Nutzen hatte. Nach einer Stunde beschwerlichen Marsches sah ich die ersten Lichter von Carmacks und ich spürte das Aufatmen meines Körpers. Jetzt konnte es nicht mehr lange dauern, bis ich mein Etappenziel erreicht hatte. Gegen zehn Uhr in der Nacht war es dann auch soweit, ich war angekommen.

Nach den ersten Häusern hielt ein Jeep vor mir und ein junger Fahrer fragte nach meinem Weg und ob alles in Ordnung sei bei mir. Ich antwortete freundlich mit einem Yes, obwohl ich nicht alles verstand, was er sagte. So geistesgegenwärtig wie er war, stieg er aus seinem großen dunklen Wagen und wollte meine Pulka einladen und mich zum Hotel fahren. Nun gut, dachte ich, was soll ich noch lange erklären, dass ich lieber zu Fuß gehen will, bis ich mit Händen und Füßen alles gesagt hätte, wäre es wahrscheinlich schon wieder hell geworden.

Er lud die Pulka ein, die ich abgeschnallt hatte, und ich stieg zu ihm in den Wagen. Ich hatte noch nicht den Sicherheitsgurt richtig angelegt, da hielten wir auch schon wieder vor dem Hotel. Wir holten den Schlitten raus und er verabschiedete sich wieder von mir. So schnell kann es gehen und man bekommt mit zwei, drei Worten ein kostenloses Taxi.

Ich ging nun auf gut Glück ins Hotel und fragte nach einem Zimmer für eine Nacht – und hatte Pech. Der Hotelier in gebrochenem Deutsch und ich mit meinen bescheidenen Englischkenntnissen suchten nun gemeinsam nach einer anderen Übernachtungsmöglichkeit im Warmen. Er reichte mir das Telefonbuch und zeigte mir ein paar Namen von Einwohnern, die Zimmer vermieteten. Sehr freundlich, dachte ich, aber wie soll ich das anstellen? Als er mir das Telefon an den Tresen brachte, zeigte ich mich ein bisschen hilflos und sprach: „I speak no English."

„No problem", war seine Antwort und er telefonierte für mich. – Alles klar, in zwanzig Minuten sollte ich abgeholt und zu einer Pension gebracht werden. Na geht doch, sagte ich mir und bestellte mir gleich ein Bier – nein, nicht nur eins.

Zwanzig Minuten später kam mein zukünftiger Herbergsvater ins Hotel und wollte mich mit in sein Haus nehmen. Ich war irgendwie glücklich, dass alles so unkompliziert ablief. Er hatte sogar schon meine Pulka in sein Auto geladen, denn die hatte noch vor dem Hotel auf dem Gehweg gestanden.

Ich begrüßte den Mann, der mir ein Zimmer vermieten wollte und bat um die Rechnung, um meine Zeche zu begleichen und mich zu verabschieden. Zu meiner Überraschung durfte ich aber gar nicht bezahlen, die Bierchen gingen auf Kosten des Hauses und der Wirt wünschte mir noch viel Glück für den Weg nach Whitehorse.

Als wir im Auto saßen und losgefahren waren, sprach der Vermieter zu mir: „Ich werde dich morgen früh an derselben Stelle wieder absetzen, wo ich dich geholt habe. Schließlich möchtest du ja die ganze Strecke zu Fuß gehen und nicht gefahren werden."

Wir fuhren den gleichen Weg zurück, den ich nach Carmacks reingekommen und wo ich von dem Einheimischen angesprochen worden war. Dann erreichten wir das Zuhause meines Gastgebers: kleinere Häuser in einem eingezäunten Grundstück und drei Garagen, von denen die mittlere ganz besonders auffiel. Ich traute meinen Augen kaum: Über dem großen Garagentor war ein riesiges Monster von Elchgeweih am Giebel befestigt. „Ist das Geweih auch echt?", fragte ich ihn. „Das sind ja die reinsten Satellitenschüsseln, der Bulle muss ein kapitaler Koloss gewesen sein, als er noch durch die Wälder streifte."

Er lächelte und sprach: „Komm erst mal mit ins Haus."

Wir stiegen die Treppe hinauf und betraten das Haus, wo ich von allen Familienmitgliedern begrüßt wurde. Ganz vorn standen, wie soll's schon anders sein in Kanada, zwei Hunde, dann eine neugierige Katze, und schließlich seine Frau und die zwei Kinder, ein Mädchen und ein Junge zwischen dreizehn und fünfzehn Jahren. Seine Frau brachte mir einen Pott Kaffee, natürlich schwarz wie die Nacht, die Tochter holte ein paar Fotos von dem erlegten Riesenelch, dessen Spannweite zwischen den einzelnen Schaufeln über 1,60 Meter maß. Unglaublich, was für ein Exemplar! Wenn man sich das Tier in freier Wildbahn in unmittelbarer Entfernung vorstellt, glaubt man an nichts Irdisches. Unfassbar auch, dass ein so riesiges Gehörn innerhalb kürzester Zeit wächst, denn der Sommer ist recht kurz in dieser Ecke von Kanada.

Bevor wir das Zimmer begutachteten, zeigte er mir noch am Computer die aktuellen Wetterdaten und die Voraus-schau. Heute Mittag, als ich auf dem Weg nach Car-macks war, hatte ich also gegen achtzig Stundenkilome-ter Gegenwind angekämpft, laut Wetterradar. Jetzt war mir klar, warum ich mich so hatte quälen müssen. Ich hatte schon gedacht, dass mit mir nun auch nicht mehr viel los sei, doch jetzt war ich total erleichtert. – Was nun die Prognose für die nächsten Tage betraf, war die nicht sehr befriedigend. Es sollte zunehmend wärmer werden, bewölkt, und mit leichtem Schneefall war zu rechnen. Wobei Schneefall für mich kein Problem darstellt, schlimmer ist das Tauwetter, das könnte Schwierigkeiten bereiten. Ich hatte bis Whitehorse noch einige Seen und Flüsse zu überqueren. Also stopp: Nicht verrückt machen lassen, morgen kann schon wieder alles anders aussehen. Ich war ja im Yukon-Territorium, da kann sich das Wetter stündlich ändern.

Jetzt ging es erst mal ans Geschäftliche. Die Übernachtung kostete mich ja auch ein paar kanadische Dollar. Aber bevor ich die Katze im Sack kaufte, kam die Zimmerbesichtigung dran und als ich das Gemach betrat, war ich sprachlos. Vom Bett bis hin zur sogenannten Nasszelle – früher bezeichnete man diesen Raum als Badezimmer, was aber heutzutage out zu sein scheint – war der Komfort erste Sahne, wie in einer Fürstensuite. Der Kühlschrank war gefüllt, als ob an diesem Abend noch die halbe Stadt zu Besuch kommen wollte, allerdings nur die Frauen, denn es befand sich kein einziges Bier im Kühlschrank. Abgepacktes Brot, Müsli, Cornflakes, Obst und noch vieles mehr, was man sich zum Frühstück wünscht, lag in der Küche bereit zum Verzehr. Von der Menge her hätte ich noch ein paar Tage bleiben können. Ich glaube, hier ist jeglicher Kommentar überflüssig: Ich nahm dieses Zimmer ohne Wenn und Aber und das Preis-Leistungsverhältnis war bestens.

Nach einer ausgiebigen Dusche kochte ich mir eine Kleinigkeit, und dies auf einem Elektroherd statt auf dem Benzinkocher. Ich hatte es nicht verlernt, welch ein Glück!

Mein abendliches Mahl bestand aus Rühreiern mit Speck, Toastbrot und als Soße der berühmte Heinz Ketchup. Es war zwar kein Sterne-Menü, aber es hat geschmeckt und ich war danach auch satt. Was braucht es mehr? Um dem leckeren Schmaus noch ein Sahnehäubchen aufzusetzen, trank ich einen Espresso und aß ein Eis am Stiel. Hier fehlte es eben an nichts. Als Betthupferl rauchte ich vor dem Haus eine wohlverdiente Zigarette und dann ging es ab ins Bett. Da fiel mir plötzlich der Spruch aus meiner Kindheit ein: „Zähne putzen, Pippi machen, ab ins Bett!", und ich lächelte still.

Ausgeschlafen und voller Tatendrang stieg ich am anderen Morgen aus dem himmlischen Bett, das man mit einem wahren Märchenbett vergleichen konnte. Nach einem üppigen Frühstück und der allmorgendlichen Körperpflege, kurz gesagt die Katzenwäsche, checkte ich die Wetterlage und entschied mich für das „textile" Outfit. Dann packte ich alles in die Pulka, was nicht angebunden war, also alle Lebensmittel, die noch in der Küche vorhanden waren. Denn die waren für mich bestimmt und auch zur Mitnahme vorgesehen, so mein Herbergsvater.

Gegen acht Uhr ging ich zur Familie rüber, um mich zu verabschieden und zu meinem Ausgangspunkt zurückfahren zu lassen. Wir luden die Pulka auf und fuhren wieder in den Ort, direkt vor das Hotel, wo er mich eingeladen hatte. Ich dachte schmunzelnd: Er hat genau das gemacht, was er versprochen hat. Das gefiel mir.

Es kam zum üblichen Prozedere mit Verabschiedung, guten Wünschen für den Weg und dem Versprechen, meinen weiteren Trip auf dem Computer zu verfolgen.

Auf nach Braeburn

Als ich den Trail auf dem Yukon River betrat, war ich wieder der alte, der alte, dem es draußen in der Natur besser gefällt als in einem goldenen Käfig. Das meine ich gar nicht böse, denn die Unterkunft war wirklich erstklassig. Aber ich gehöre ins Freie, wie der Wolf. Nach zirka zwei Kilometern verließ ich den Fluss und ging weiter auf dem Trail durch die Wälder zum nächsten Checkpoint, der sich aber noch viele verschneite Meilen entfernt befand, jedoch immer geöffnet hat. Es ist die Tankstelle und Raststätte Braeburn.

Die Strecke auf einem Poster.

Braeburn ist, so denke ich, im ganzen Yukon bekannt für seine Hamburger, oder besser, für seine „Braeburger". Wenn ich nur daran denke, läuft mir das Wasser im Mund zusammen. Ihr Durchmesser beträgt ungefähr

15 bis 18 Zentimeter und ihre Höhe liegt bei etwa 10 Zentimetern. Dazwischen befinden sich ein Hacksteak, Salat, Zwiebeln und was sonst noch dazugehört. Nach dem Verzehr eines solchen Teils ist man mit ziemlicher Sicherheit gut gesättigt. Aber auch die Sandwichs sind große Klasse, mit Betonung auf groß. Sie sind für den Burger eine echte Konkurrenz, und auch ausgesprochen köstlich. – Aber nun wollte ich aufhören, mir diese Riesenteile während des Marsches vorzustellen, denn sonst könnte ich es vielleicht gar nicht mehr nach Braeburn schaffen, weil ich derweil verhungert war.

Der XXL-Hamburger.

Vom zugefrorenen Fluss aus ging es weiter durch die verschneiten Wälder mit vielen steilen Anstiegen, aber jedem Aufstieg folgte ein Abstieg. Leider war mir das Risiko zu hoch, mich auf die Pulka zu setzen und bergab zu rutschen, denn ein wichtiges Teil am Transportschlitten hätte zerstört werden können. Und so trippelte ich vorsichtig die verschneiten und zum Teil vereisten Hänge hinunter. Dabei musste ich höllisch darauf achten, dass mich der Schlitten nicht von hinten überholte, denn das kleinste Wegtriften konnte ihn aus der Führung bringen, und wenn er mich überholte, dann hatte er die Führung über mich. Das kann natürlich fatal werden, fürs Ziehen war schließlich ich verantwortlich und nicht die Pulka.

Der ständige Wechsel zwischen bergauf und bergab kostete mich viel Zeit, Kraft und Kondition, trotz der langen Trainingseinheiten in den letzten 30 Tagen. Ich durfte bei den steilen Anstiegen auch nicht ins Schwitzen kommen, denn dann hätte ich mich zum Schluss noch komplett umziehen müssen.

Nach ungefähr fünf Stunden wurde der Wald, oder besser gesagt der Busch, immer lichter, der Weg wurde zwar flacher aber kurvenreicher. Das Gebiet war überwachsen mit lauter kleinen Weidenbüschen, die mich ganz schön aus dem Rhythmus brachten, weil ich bei meinen Stockeinsätzen den Boden nicht traf. Jedes Mal, wenn ich einstechen wollte, peitschten die kleinen elastischen Weidenzweige den Stock in eine andere Richtung. Es kam nicht nur einmal vor, dass mir die Stöcke zwischen die Beine katapultiert wurden und ich zu Boden stürzte. Anfangs war es ja noch ganz amüsant, aber mit der Zeit wurde es ganz schön lästig. Das Gute daran war, dass auch diese Tortur bald ein Ende haben würde, es roch sogar schon ein bisschen nach gefrorenem Wasser. – Natürlich kann ich kein Eis riechen, aber ich spürte deutlich, wie sich die Luft veränderte. Es schien kühler zu werden und frischer, und auf meine Erfahrungen konnte ich stets vertrauen.

Langsam brach die Dämmerung herein und ich kam auf die erste Eisfläche an diesem Tag, es sollte nicht die letzte bleiben. Ich musste mir jetzt allmählich einen Lagerplatz suchen, wenn ich nicht bis nach Braeburn durchmarschieren wollte. Ganz sicher war ich mir in diesem Augenblick diesbezüglich nicht, denn es lagen nur noch wenige Meilen vor mir. Die meisten davon führten zwar über die zugefrorenen Seen und Flüsse, aber die letzten Kilometer sind dann die Ovomaltine-Kilometer. Allerdings war es noch eine Weile hin, bis zum letzten steilen Abschnitt vor Braeburn.

So! Nun ist aber mal Schluss mit der Grübelei über das Wenn und Aber, so kenne ich mich gar nicht, dachte ich, ich muss mir endlich mal klar werden, ob ich nun weiterlaufe oder mich zwei bis drei Stunden aufs Ohr lege.

Ich entschied mich fürs Weitergehen, vorerst für die nächsten fünf Stunden. Erst wenn meine Uhr Mitternacht anzeigen würde, wollte ich erneut eine Entscheidung fällen. Mit zügigen Schritten zog ich meine zwei Zentimeter tiefen Spuren über die verschneiten Eisflächen der Seen und Flüsse. Mein ständiger Begleiter, Herr Gegenwind, hatte in dieser Nacht wohl ein Problem damit, dass ich nach Braeburn wollte und setzte alles daran, meine Schlagzahl zu verringern. Stellenweise blies er so heftig, dass ich das Gefühl hatte, ich bewege mich auf der Stelle. Aber nicht nur der orkanartige Wind machte mir zu schaffen, es war auch noch jede Menge Schnee mit im Spiel. Nicht der vom Himmel, nein, der Schnee, der auf den Eisflächen lag, wurde vom Wind wie wild durch die Luft gewirbelt.

Nach weiteren zwei Stunden harter Arbeit, was das Vorwärtskommen anbelangte, wusste ich, dass mein Zeitplan, den ich mir grob zurechtgelegt hatte, nicht aufgehen würde. Also entschloss ich mich weiterzugehen, bis mir mein Bauchgefühl eine Pause empfehlen würde. Eine Stunde später war es dann soweit, ich hatte keine Lust mehr, ich kam mir vor wie Don Quichotte, der gegen die Windmühlen kämpft. Ich beschloss, mir einen Lagerplatz zu suchen, was sich aber als schwieriger erwies, als gegen den Wind anzukämpfen. Egal, ich brauchte jetzt dringend eine längere Pause und sollte es mitten auf dem blanken Eis sein. Letztendlich kam es auch so. Weder auf der linken noch auf der rechten Seite des Sees bot sich eine Möglichkeit, das Eis zu verlassen und am Ufer ein Feuer zu entfachen. Der einzige freie Platz für ein Lager war mitten auf dem Eis. Es war ja nicht das erste Mal, dass ich auf dem Eis pausierte oder gar übernachtete. Es würde ja nicht gleich tauen, wenn ich darauf schlief oder auch ein kleines Feuer anbrannte.

An einer Stelle am Ufer hing eine abgebrochene Weide aufs Eis, von der ich mir das nötige Feuerholz absägte. Alles verlief wunderbar, ich sammlete genügend Holz und sägte es zurecht. Nun musste ich nur noch den Holzrost aufbauen, damit mir das Feuer nicht im Schmelzwasser absoff, und anschließend alles anzünden. Wenn da nicht der liebe Wind gewesen wäre … Jeder Seefahrer hätte seine wahre Freude an diesem Wind gehabt, nur ein Verrückter, der ausgerechnet hier ein Feuer entfachen wollte, war zum guten Schluss etwas entnervt. Ich habe doch schon hunderte von Lagerfeuern in Gang gebracht, doch jetzt bin ich wohl einfach zu doof, dachte ich. Es war der Wind, der mir einen Strich durch die Rechnung machte. Weder mein Windschatten, noch der meiner Pulka, die ich extra umlegte, änderten daran etwas. All meine guten Ideen brachten nichts und mir blieb schließlich nichts anderes übrig, als mir ein wunderbares Lagerfeuer vorzustellen. Ich hätte mir ja

auch ein Lagerfeuer auf meiner Kamera ansehen können. Leider hatte ich nicht mehr genügend „Feuerwas-
ser" bei mir, um mir die ganze Sache zu vereinfachen
und so lag ich in dieser Nacht vor einem Nicht-Lager-
feuer. Ich verkroch mich in meinen dicken, roten
Schlafsack und ließ den Wind über mich ergehen, mit
der kleinen Hoffnung, dass auch er einmal müde werden würde und sich ausruhen muss.

Ich erwachte und glaubte zuerst, ich sei nur kurz einge-
nickt, aber da hatte ich mich gewaltig getäuscht. Sieben
lange Stunden hatte mich mein Schlafsack gefesselt und
ein Entkommen unmöglich gemacht. Mein Geist und
mein Körper waren komplett regeneriert, als hätte ich in
einem französischen Bett im Hotel geschlafen. Also
nichts wie raus und ab auf den Trail. Ich sehnte mich
nach einem XXL-Frühstück in Braeburn.

Nach den ersten Kilometern strengen Schrittes wurde
mir die Landschaft sehr vertraut. Ich wusste genau, wo
ich mich befand, wie der weitere Weg aussehen wird
und wie lange ich noch zu gehen hatte. Wenn alles
weiter so lief, sollte ich spätestens zwölf Uhr mittags am
Etappenziel sein. Der Himmel bedeckte sich allmählich
und ich witterte Schnee. Es kamen ein paar klitzekleine
Kostproben vom Himmel und ich hoffte, dass es dabei
bleiben würde. Der Wind blieb zum Glück aus und der
Trail war noch bestens begehbar, hart und griffig. Ich
jagte über die Seen, als hätte ich etwas verbrochen und
wäre auf der Flucht. Dann führte mich mein Weg runter
vom Eis und auf gewachsenen Boden, wo jeder Quadratmeter mit Weidensprösslingen übersät war. Nun
hatte ich es bald geschafft: ab durch die wilde Weiden-
kultur, die Ovomaltine-Meter mit dem steilen Anstieg,
dann runter vom Hügel, über den Highway und ab in
die Kneipe oder besser gesagt in die Raststätte.

Ich kam unverschwitzt am höchsten Punkt an und blickte auf das Rasthaus. Auf dem Parkplatz sah ich einen Menschen stehen, mit einer Filmkamera auf einem Stativ, der mir zuwinkte. Ich sah genauer hin und erkannte Werner, einen alten Bekannten, den ich schon vor vielen Jahren in Whitehorse kennengelernt hatte. Das Filmen ist sein Beruf und er hat die letzten Jahre den „Arctic Ultra" mit seiner Kamera festgehalten.

Ich war ein wenig überrascht, was Werner hier wollte, freute mich aber riesig, ihn zu treffen, einhundertsechzig Kilometer von Whitehorse entfernt. Nach einer überschwänglichen Begrüßung gingen wir umgehend in das Rasthaus, um zu frühstücken. Es war ja auch noch in der Zeit, viertel nach elf, eine dreiviertel Stunde eher als meine geschätzte Ankunftszeit. Wir hatten uns viel zu erzählen über alles, was ich in den letzten Wochen erlebt hatte und was ich in den nächsten Tagen noch erleben wollte. Werner bat mich um ein Interview vor der Kamera für eine japanische Filmgesellschaft. Es war für mich eigentlich kein Problem, ein paar Worte über meine Tour zu verlieren, allerdings sollte ich dies auf Englisch tun. Doch sind meine englischen Sprachkenntnisse nicht die besten und ich wusste nicht, ob die Japaner Deutsch verstehen.

Vor laufender Kamera, mit einem Poster vom Yukon Quest Trail im Hintergrund, erzählte ich in knappen Sätzen in hundsmiserablem Englisch über mein eisiges Abenteuer am Yukon. Trotz allem war Werner mit meinem Interview sehr zufrieden und wir unterhielten uns anschließend noch eine Weile. Werner hatte mich, wie viele Freunde und Bekannte, über den Spot verfolgt und genau gesehen, wo ich mich mit meiner Pulka herumtrieb und wann ich in Braeburn eintreffen würde.

Es ging aber nahtlos weiter mit den Überraschungen. Der Chef des Ladens kam mit einem Zettel zu mir, auf dem vier Nachrichten für mich notiert waren. Unglaublich, dachte ich mir, wie viele Menschen doch an mich und mein Event glauben und mich unterstützen. Leider konnte ich nicht alle Nachrichten lesen, ihr wisst schon, mein Englisch. Aber auf dem ersten Zettel stand, dass ich bei den Wirtsleuten duschen dürfte. Zweitens könnte ich bei einem Bekannten von ihnen in einem Blockhaus, ungefähr zehn Minuten Fußmarsch von hier, übernachten. Drittens war ich noch zum Essen eingeladen bei der Schwester von Dale von der Pelly Farm. Und viertens bekäme ich ein ordentliches Lunchpaket vom Wirt mit, bevor ich am nächsten Morgen wieder auf den Trail ginge. – Was konnte ich dankend annehmen und was musste ich dankend ablehnen?

Es war jetzt ein Uhr mittags, ich war rundum satt und fühlte mich sehr ausgeschlafen. Im Grunde hatte ich Zeit im Überfluss, aber in Braeburn einen Tag Urlaub zu machen, war für mich in diesem Augenblick auch nicht der Hit. Was nicht heißen soll, dass ich es hier nicht ausgehalten hätte, im Gegenteil. Nein, ich fühlte mich in diesem Moment in absoluter Hochform und wollte einfach nur laufen. So entschloss ich mich für das Lunchpaket und lehnte alle anderen Angebote dankend ab.

Hoch motiviert und mit einem schlechten Gewissen machte ich mich auf den Weg in Richtung Whitehorse. Das schlechte Gewissen rührte daher, dass ich so viele Angebote ausgeschlagen hatte und das dumme Gefühl nicht loswurde, ihre Gastfreundschaft verletzt zu haben. Der Sohn des Wirtes hatte mir mit dem Lunchpaket auch noch einen Tipp zum Übernachten mitgegeben: Zirka 60 Kilometer von hier sollte sich eine kleine Hütte am Rande des Trails befinden, die auch für mich zugänglich sei. Sie sei von Skidoofahrern für Skidoofahrer erbaut worden, es wäre aber unproblematisch, wenn ich darin übernachten würde. Umwerfend, was ich alles mit den Menschen vom Yukon erlebt habe, besonders was ihre Gastfreundschaft und Hilfsbereitschaft betrifft. Das machte mich sprachlos. Die Hütte sollte mit zwei einfachen Stockbetten, einem kleinen Ofen und einem Tisch ausgestattet sein und vielmehr würde ich ja auch nicht benötigen. Es war vier Uhr nachmittags geworden bevor ich loskam und bis zur Hütte waren es noch einige Kilometer. Genau genommen waren es 60 harte Kilometer durch Wälder und Weidengestrüpp, aber zuvor musste ich noch einen See überqueren. Im Laufe der Zeit verlor sich mein schlechtes Gefühl gegenüber den freundlichen Menschen und ich konnte mich wieder voll auf den Trail und die Landschaft konzentrieren.

Das Wetter war heute nicht besonders schön, der Himmel war bedeckt mit grauen Wolken, die nach Schnee rochen, aber dafür war mein Freund der Wind zu Hause geblieben, was sehr angenehm für mich war. Ich lief los, ohne meine Schlagzahl im Laufe der Zeit zu erhöhen, denn ich wusste ja genau, dass ich bis heute Nacht die kleine Hütte nicht erreichen konnte und wieder irgendwo in der Pampa einen wildromantischen Lagerplatz würde suchen müssen.

Trotz meiner blendenden Kondition war es irgendwie nicht mein Tag. Ich wusste nicht wieso oder warum, aber ich hatte ständig das Gefühl, beobachtet zu werden, nicht von Menschen, sondern von Tieren, von Elchen, Luchsen oder Wölfen. Das beunruhigte mich aber keineswegs, im Gegenteil, es wäre für mich eine Augenweide gewesen, einem dieser Vierbeiner zu begegnen und aus nächster Nähe betrachten zu können. Es blieb aber leider nur bei diesem Gefühl.

Die abwechslungsreiche Landschaft auf diesem Teilstück war einfach genial. Der Trail führte durch die
verschneiten Wälder über sehr hügeliges Gelände und
im Slalom zwischen den Bäumen durch. Immer in der
Nähe des zugefrorenen Yukon River, den ich oft zu
Gesicht bekam. Außerdem wurde ich mit einem wunderschönen Panorama belohnt.
Ich machte mir keinerlei Gedanken über die zurückge-
legte Strecke und schon gar nicht darüber, was noch vor
mir lag. Vielmehr sprach ich mit meinen Schutzengeln
und dem Universum, und so verging die kostbare Zeit
wie im Flug. Um aber ganz ehrlich zu sein, war mir die
Zeit so was von egal … – Ich hatte ja genug davon.
Nach einer Weile wurde doch noch wahr, was ich vor
Stunden schon mit meinem ausgeprägten Geruchsinn
wahrgenommen hatte: Es begann zu schneien. Zuerst
ein paar Flöckchen und dann fielen die großen schweren
Flocken. Die weiße Pracht sank so schnell vom Himmel, dass ich mir einen Unterschlupf suchte und auch
fand. Eine gut gewachsene Fichte mit einem traumhaft
dichten Astwerk kam mir wie gerufen und schien geschaffen als Unterschlupf für heimatlose Wanderer. Ich
löste mich von Helene und ließ sie einsam auf dem Trail
stehen, während ich mich unter dem gut gewachsenen
Baum verkroch. Nach ungefähr zehn Minuten schim-
merte nur noch ein Fitzel Rot meiner Pulka durch die
Schneedecke. Mir schoss plötzlich der Gedanke durch
den Kopf, was passieren würde, wenn ein Skidoo ange-
braust käme und mein edles Transportvehikel nicht
rechtzeitig sah. Ich würde mich wahrscheinlich blitz-
schnell im Schnee vergraben und tot stellen. Andererseits könnte ich ja auch rasch auf den Trail springen und
Helene in Sicherheit bringen. – Wie gesagt, es war nur

so ein Gedanke, denn bei dem Wetter mit so einge-
schränkter Sicht fahren die Piloten auch viel langsamer.
Endlich war der ganze Spuk vorbei und der Himmel
zeigte sich von seiner besten Seite, als wäre nichts
geschehen. Also nichts wie raus aus dem Unterholz, ran
an die Pulka, den Schnee abgewischt und weiter ging's.
Wenn mich meine Erinnerung nicht trügt, nennt man so
einen kurzen Schneesturm einen Blizzard. Ich marschierte frohen Mutes auf dem frisch verschneiten Trail
in Richtung Hütte, stets die Augen geöffnet auf der
Suche nach einem nächtlichen Lager.

Die Freude am Laufen verdrängte jedes Verlangen nach
einer Pause und auch meine Beine hielten Schritt. Ich
war nahe daran, mir zu überlegen, ob ich eine Nacht-
einheit einlegen könnte. Ich ging und ging immer weiter
– und vergaß völlig nach einem Lagerplatz Ausschau zu
halten.

Unbewusst und in Gedanken versunken zog ich meine
Stirnlampe aus der Hosentasche, zog sie über meinen
Kopf, schaltete sie ein, als wäre es eine ganz normale
Handlung. Ich war wahrscheinlich schon an den schöns-
ten Stellen blind vorbeigelaufen, weil ich überhaupt
nicht mehr ans Biwaken gedacht hatte. Doch plötzlich
brach mein Laufwahn aus unerklärlichen Gründen ab
und ich blieb an einem perfekten Lagerplatz stehen, auf
der rechten Seite des Trails, mit jeder Menge Totholz.
Und ganz eben so, ungefähr fünf Meter neben dem
Trail, entschloss ich mich, mein Nachtquartier zu errichten. Ich begann mein bewährtes Ritual mit dem Holzsammeln für die Nacht und dem anschließenden Einrichten des Schlafplatzes. Als alles vorbereitet war,
entzündete ich das Lagerfeuer. Dann schuf ich mir
einen gemütlichen Sitzplatz, auf dem ich die Nacht genießen wollte. Nach einer Stunde am wärmenden Feuer

überkam mich ein leichtes Hungergefühl und ich entschied mich für ein Riesensandwich aus Braeburn. Zum Glück war ich nicht total ausgehungert, denn das Riesenteil war gut gefrostet und bei sofortigem Verzehr hätte ich mir wahrscheinlich meine Zahnleiste ruiniert. Ich musste es erst am Lagerfeuer auftauen oder besser gesagt toasten. War auch nicht schlecht, so ein warmes Toast in der Pampa.

Vor lauter Feuer und in absoluter Stille vergaß ich ganz die Zeit. Es war doch tatsächlich schon nach Mitternacht geworden und ich spürte noch immer keine Anzeichen von Müdigkeit. Das war für mich ein deutlicher Beweis dafür, dass ich erholt war und mir bis zum heutigen Tage meine Kräfte ideal eingeteilt hatte. Ich verkroch mich trotzdem in meinen Schlafsack, nachdem ich das Lagerfeuer noch etwas gefüttert hatte.

Wieder einmal wachte ich zur üblichen Zeit auf und war sogleich voller Tatendrang wieder auf den Trail zu kommen. Mein Bauchgefühl verriet mir, dass ich gegen Nachmittag die kleine Hütte erreichen und mir dort ein Süppchen kochen würde. Ich ging ohne einen Happen zu essen los, da ich mich noch gesättigt gefühlt und nach dem Zähneputzen nur einen kräftigen Schluck Schmelzwasser getrunken hatte. Ich kann es bis heute nicht verstehen, was meinen Magen veranlasst hatte, nicht zu knurren, denn ich hatte am Abend zuvor keine Unmengen gegessen. Es ergab aber auch keinen Sinn, sich darüber das Hirn zu zermartern, es war nun mal so. Bevor ich allerdings ins Elf-Uhr-Loch fallen würde, aß ich eine Tafel Schokolade und die Welt war wieder in Ordnung. Auf der nächsten Lichtung, egal ob groß oder klein, wollte ich dann einen ordentlichen Snack zu mir nehmen und siehe da, was erblickten meine ausgeschlafenen Augen, die kleine Hütte am Wegesrand. Gut, dachte ich, ich bin ja besser drauf als vermutet. Der Vormittag war noch nicht mal vorbei und ich war schon am Etappenziel, welch freudige Überraschung.

Ich ging zu der kleinen Hütte und besichtigte sie ausgiebig von innen. Bisher kannte ich sie nur vom Vorüberlaufen bei den Touren des YAU in den letzten Jahren. Die Hütte war wirklich klein, aber mit dem Notwendigsten ausgestattet: ein Doppelstockbett, ein kleiner Tisch ohne Stühle und ein Hippiekiller. Brennholz lag neben der Hütte unter einem Vordach. Ich brauchte nicht lange überlegen, was jetzt zu tun war. Natürlich musste erst mal der Ofen angeheizt werden und dann wollte ich es mir gemütlich machen. Man gönnt sich ja sonst nichts.

In kürzester Zeit herrschte eine sehr angenehme Wärme in den vier Wänden und ich bereitete mir mein Mittagsmahl zu, wie immer aus der Alu-Tüte. Wie sagt man so schön: Der Hunger treibt's rein und der Ekel runter. Kaum hatte ich mir die letzten Reste von den Lippen gewischt, bekam ich Besuch von drei Mushern, die unterwegs nach Whitehorse waren. Einer der Männer sprach etwas Deutsch, besser jedenfalls als ich Englisch, und der konnte sich ein Lachen nicht verkneifen. Nicht wegen meiner Anwesenheit, nein, wegen der wilden Spekulationen des Teams, als sie meine Spuren im Neuschnee gesehen hatten: die Spuren von zwei Kufen mit einem Abstand von zirka vierzig Zentimetern und die Abdrücke meiner Stöcken. Sie hatten erwogen, dass ein breitbeiniger Langläufer auf dem Trail unterwegs sei, der auf Skiern steht und sich nur mit den Stöcken abstößt. Nach einem kurzen Smalltalk verabschiedeten sich die drei und machten sich auf den Weg nach Whitehorse, wo sie noch vor Mitternacht ankommen wollten. Später, in Whitehorse, erzählte mir der deutschsprechende Musher, dass sie ihren Zeitplan eingehalten hatten.

Nun war ich wieder alleine auf weiter Flur und mit meinen Gedanken schon beim Hüttendienst. Der Benzinkocher war abgekühlt und stand zum Einpacken bereit und die Überreste meines kulinarischen Travel-Lunchs waren bereits festgefroren. Kurz gesagt, nach wenigen Minuten war ich zum Abmarsch bereit. Somit war es bei einem Kurzbesuch in der kleinen Hütte geblieben, denn so einladend waren ihre vier Wände nun auch wieder nicht. Als alter Blockhausfan konnte ich mit einer Hütte aus Spanplatten sowieso nicht viel anfangen.

Es war trotz allem schon früher Nachmittag geworden und ich wollte keine Wurzeln schlagen, also machte ich mich auf den Weg nach Whitehorse, wo ich in etwa zwei Tagen ankommen wollte. Der Himmel war immer noch trüb und ein leichtes Schneegraupeln setzte ein, was mir aber keinerlei Sorgen bereitete. Die Strecke wurde mir immer vertrauter. Je länger ich in die Abenddämmerung lief, desto näher kam ich meinem nächsten Anlaufpunkt. Der Dog Lake ist ein wahres Paradies von einem Fleckchen Erde, zumindest am Abend, dann verbreitet er eine einzigartige Stimmung, zu anderen Tageszeiten kannte ich ihn nicht. Wenn ich bisher an diesem traumhaft schönen Plätzchen ankam, war es meist um die Mittagszeit gewesen und in den Abendstunden hatte ich mich wieder auf den Weg gemacht.

Der Dog Lake war die Jahre zuvor auch ein Checkpoint beim YAU gewesen, hier konnte man etwas essen und seinen Wasservorrat auffüllen. Außerdem bekam man Kaffee und selbstgemachten Schokoladenkuchen. – Bis ich jedoch diese Stelle erreichen würde, musste ich noch ein paar Stunden auf dem gut festgefahrenen, leicht abfallenden Trail verbringen.

Alles lief wie am Schnürchen, bis ich an eine Gabelung kam. Welches war nur der richtige Weg? Der nach rechts oder der geradeaus? Beide waren markiert und auch Fahrspuren der Skidoos konnte ich auf beiden ausmachen. Nach genauerem Hinsehen führte die bessere Spur, die am deutlichsten zu erkennen war, nach rechts, der ich letztendlich auch folgte. Die Nacht war mittlerweile hereingebrochen und nach einer dreiviertel Stunde kam ich an zwei kleinere Hütten mit einem Lagerplatz für Holz und sonstige Gegenstände, die eigentlich für Ranger bestimmt waren, nicht für Läufer.
Die Uhr zeigte neun Uhr und ich beschloss, die Gegend etwas genauer zu erkunden, ob ich hier nicht auf dem Holzweg war. Alles war neu, aber auch sehr schön gelegen und so entschied ich mich für das Übernachten. Beide Hütten waren zwar verschlossen, aber eine hatte eine Veranda mit vorgezogenem Dach und einer Bretterverschalung am Geländer. Kurzum ein ideales trockenes und windgeschütztes Plätzchen im Busch. An der kleinen Feuerstelle entzündete ich ein Feuer, an dem ich mich wärmte und eins meiner riesigen Sandwichs verzehrte. Im Anschluss studierte ich meine „professionelle" Landkarte mit dem Erfolg, dass nichts darauf hindeutete, dass ich auf dem richtigen Wege war. Egal, ich wollte erst mal ein paar Stunden schlafen und wenn ich frisch und ausgeruht war, die nächste Entscheidung treffen. Vielleicht würde ich mit Mike telefonieren, ob er mal nachschauen könnte, wo ich gelandet war.
Am nächsten Morgen war dann meine Entscheidung gefallen, ich nahm mein gemietetes Sattelitentelefon und rief Mike in Whitehorse an. Er checkte meinen Standort

am Computer und sagte mir, dass ich vom richtigen Trail abgekommen war. Ich sollte wieder zurück zur Gabelung gehen. Von dort aus wären es nur noch ungefähr zwei Stunden bis zum Dog Lake. Natürlich freute er sich, dass ich wohlauf und bis zum heutigen Tage nicht in Panik geraten war, nach einer so langen Zeit der Einsamkeit. Doch was vielen Menschen Angst macht, die Natur und die Einsamkeit, macht mir Spaß.

Ich hatte an einer Ranger-Station übernachtet, was ich erst bei Tageslicht feststellte. Ich machte mich also auf den Weg zurück zur Weggabelung. Ohne auf die Uhr zu schauen, zog ich meine Spur auf dem leicht verschneiten Trail in Richtung Dog Lake und kam nach meinem Zeitgefühl nach einer guten Stunde dort an. Wie ich es geahnt hatte, bot sich mir ein paradiesischer Anblick, da ich aber nicht schon wieder eine Pause machen wollte, gönnte ich mir nur den genussvollen Blick auf den See.

Keinen Blick auf mich hingegen gönnte sich die Sonne an diesem Tage, der Himmel blieb trüb und verhangen, als wäre Regen angesagt, was natürlich aufgrund der Temperaturen schlecht möglich war. Ich ging und ging meinen Weg und wusste, dass ich, bis ich in Whitehorse wäre, noch einmal unter freiem Himmel schlafen musste. Ich hatte mir sogar schon ausgemalt, wo ich mein letztes Biwak errichten wollte. Nach meinen Schätzungen sollte dies am Takhini River sein, und zwar an der Brücke über den Fluss, ungefähr zwanzig Kilometer vor Whitehorse.

Ich konnte noch so langsam gehen, die Zeit rannte wie ein geölter Blitz und im Nu war es drei Uhr nachmittags und ich kam auf dem Parkplatz am Takhini River an. Um bis Whitehorse durchzulaufen, war die Strecke noch zu lang, also beschloss ich, eine größere Pause einzulegen, mit allem, was dazugehört. An einem windgeschützten Plätzchen in der Nähe des Ufers des Takhini

Rivers baute ich den Benzinkocher auf. Dann räumte ich meine fahrbare Vorratskammer auf, das heißt ich sortierte alles Essbare aus meiner Pulka heraus. Ich war überrascht, was da alles an Verpflegung zum Vorschein kam, das hätte noch locker für zwei bis drei Tage gereicht, aber alles musste weg, denn zu Hause würde ich diese Dinge nicht mehr verzehren wollen. Spaghetti mit Soße, Kartoffelbrei, leider ohne Soße, und Huhn mit Reis wurden von mir noch an diesem Tag verspeist. Das hört sich vielleicht nach einer riesigen Menge an, aber dafür, dass ich den ganzen Tag noch nichts gegessen hatte, war es eine Kleinigkeit für mich.

Während ich meinen Magen füllte, gingen mir sehr viele Dinge durch den Kopf: Sollte dies etwa schon alles gewesen sein? Ich war doch erst seit ein paar Tagen unterwegs. Wie würde es sein, wenn ich wieder in die Zivilisation kam? Wie lange würde es wohl dauern, bis ich mich wieder eingelebt hatte? Ehrlich gesagt, es machte mir ein bisschen Angst und zog mich runter, dass alles schon wieder vorbei sein sollte. – Alles Quatsch, im Gegenteil: Ich werde mit größter Wahrscheinlichkeit noch viele Jahre von der Tour zehren können und die Erinnerungen an dieses Abenteuer kann mir keiner mehr nehmen.

Als mein Kocher abgekühlt war und ich meine Utensilien zusammengepackt hatte, kam auf einmal Jessica, Mikes Frau, mich besuchen, die ein paar Fotos von mir machen wollte auf meinen letzten Kilometern bis Whitehorse. Sie hatte von Mike die Information bekommen, wo ich mich gerade aufhielt und war umgehend mit dem Auto zum Takhini River gefahren. Sie hatte Glück, eine halbe Stund später wäre ich nicht mehr da gewesen, sondern auf dem Trail. Werner kam leider zu spät, wie ich dann Stunden später erfuhr. Er und Ingrid, auch eine gute Bekannte, erwischten mich auf dem Trail und er machte gleich noch einige Film- aufnahmen. Es überkam mich ein unbeschreibliches Glücksgefühl, diese guten Freunde wiederzusehen, die mich die ganze Zeit auf dem Spot verfolgt hatten und quasi immer in Alarmbereitschaft gewesen waren, falls mir etwas zugestoßen wäre.

Die vor mir liegende Strecke und die dafür benötigte Zeit hatte ich richtig eingeschätzt, meine letzte Über- nachtung würde also an der Brücke am Takhini River sein, wo ich auch tatsächlich gegen elf Uhr in der Nacht ankam. Der Trail auf dem Fluss war die reinste Auto- bahn gewesen, nicht wegen des Verkehrs, sondern we- gen der Beschaffenheit des Untergrunds. Ganz eben und hart wie Asphalt, geradezu rekordverdächtig, sodass ich zum geplanten Zeitpunkt eintraf.

Die letzte Nacht auf dem Trail könnte unter Umständen schlaflos werden, so dachte ich mir, aber ich hatte mich getäuscht. Es war eine der besten Nächte, die ich im Freien verbracht habe. Autos und Hundegebell hörte ich so gut wie überhaupt nicht, satt war ich noch von meiner letzten Rast. Was will man mehr?

Die letzten Meilen bis ins Ziel

Donnerstag, elfter März zweitausendzehn, fünf Uhr dreißig; das getrunkene Schneewasser wollte wieder zurück zu seinem Ursprung.

Noch dreizehn Meilen bis nach Whitehorse. Es würden keine angenehmen Meilen werden, dabei hätte ich doch wirklich ein schöneres Wetter verdient. Ein eisiger Wind von vorne zog all seine Register, als wollte er sagen: „Bleib doch noch ein paar Tage auf dem Trail!" Er wehte so heftig, dass ich meine Schneebrille aus der Pulka nehmen musste. Den Parker samt Kapuze knöpfte ich bis zum Anschlag zu, um es mir ein wenig angenehmer zu machen. Je näher ich meinem Ziel kam, umso höher stiegen die Temperaturen und mehr und mehr wurde das Wasser des Yukon River sichtbar. Das Eis auf dem Fluss wurde immer dünner, sodass man ihn schon mit einem Boot befahren konnte. Mit jedem Meter, den ich voran kam, wurde die Sache kritischer, weil die Ranger den Trail ganz nah am Ufer angelegt hatten, damit die Teams mit ihren Hunden nicht auf dem Fluss einbrachen. Hoffentlich erreichte ich Whitehorse unbeschadet.

Kaum hatte ich darüber nachgedacht, traf das Unheil auch schon ein: von der rechten Uferseite floss ein größerer Bach vom Wald in den Yukon hinunter, dessen glasklares Wasser wunderschön anzusehen war. Doch das war auch schon alles, was daran schön war, denn nun trennte mich eine dünne Eisschicht von ungefähr zwei Metern Breite von der Zivilisation. Ich beschloss, meine Pulka vom Bauch zu lösen und meine Stöcke zusammenzubinden. Den Parker zog ich aus und befestigte ihn an einer dünnen Leine, um ihn nach meiner gewagten Überquerung über das Eises zu ziehen. Anschließend sollte auf demselben Weg die Pulka folgen. Bestückt mit der Leine für den Parker und den Stöcken, die an der Pulka befestigt waren, ging ich vorsichtig Schritt für Schritt über das Eis auf die andere Seite. So warm war es mir schon seit Tagen nicht mehr gewesen, es war ein verdammt mulmiges Gefühl, sich auf so dünnem Eis zu bewegen. Es waren – glaube ich – die längsten und aufregendsten Meter meiner Abenteuertour. Ohne einzubrechen und trockenen Fußes kam ich schließlich auf der anderen Seite an und atmete erstmal kräftig durch und sprach zu mir: „Oh Mann, wegen der zwei Meter machst du so einen Zwergen-Aufstand."

Das kann man natürlich hinterher immer so locker flockig sagen, doch diese Aktion war nicht ganz ungefährlich gewesen. Es hatte keine andere Möglichkeit gegeben über den Bach zu kommen und unter der Eisschicht ging es zirka zwei Meter in die Tiefe mit einer ordentlichen Strömung. Wäre ich eingebrochen und unter die Eisdecke in den Yukon River gezogen worden, würde es dieses Taschenbuch jetzt nicht geben.

Ich zog meinen Parker über das Eis, dann meine Pulka und warf mir schnell die Jacke über. Dann zündete ich mir zur Feier des Tages einen Krauser an, bevor es weiterging.

Kaum hatte ich das eine Hindernis überstanden, wartete auch schon die nächste Schikane auf mich. Der Trail führte bis dicht an das reißende Freiwasser des Yukon, es sollte wohl nicht sein, dass ich noch heute Whitehorse erreichte. Wie ein Artist auf dem Hochseil, aber mit Spikes, bewegte ich mich soweit wie möglich vom Wasser entfernt an der Schikane vorbei. Auch dieses Hindernis meisterte ich schadlos, was ich natürlich erst wusste, nachdem alles vorbei war. Soviel Ehrlichkeit muss sein.

Über sehr dünnes Eis.

Aber was war nun das schon wieder? Nach der nächsten Kurve war kein Trail mehr da – ich sah Whitehorse in der Ferne. Ich träumte wohl! Kurz bevor der Trail völlig im Fluss verschwand, bog er nach rechts ab in den Wald durch eine frisch geschlagene Schneise, die mit Sicherheit extra für den Yukon Quest geschlagen worden war. Ein wohltuendes Aufatmen durchströmte meinen Körper und beflügelte mich auf dem Weg durch dieses kurze Waldstück entlang des Yukon River, so kurz vor dem Ziel meiner Träume, oder besser vor dem Ziel meines eigenen größten Abenteuers. Bevor es an die letzten Meter vor der Zielgeraden ging, gönnte ich mir noch eine Zigarette im Stehen und genoss sie auch bis zum letzten Zug, was natürlich nur ein Raucher nachempfinden kann. Aber jetzt musste ich aufhören zu träumen, meine kanadischen Freunde erwarteten mich bestimmt schon am historischen Bahnhof oder am Ufer des Yukon

River. Und siehe da, ich sah zwei Kameramänner mit ihren Kameras am Ufer stehen und filmen, das vermutete ich zumindest. Ein paar Minuten später kam mir Mike auf dem Trail entgegen, mit einem freudigen Strahlen im Gesicht und dem obligatorischen Kaffeebecher in der Hand. Er führte mich vom Trail auf die Eisenbahngleise, die noch im Schnee verborgen waren. Jetzt kam auch Jessica angelaufen, um bis zum endgültigen Ziel ebenfalls ein paar Fotos zu schießen. An der historischen Bahnstation standen die zwei Kameramänner vom Flussufer und einer davon war Werner.

Mit Mike waren die letzten Meter zum Ziel ein Klacks.

Nach zwanzig Metern stand ich direkt an der historischen Eisenbahnstation und die Anzahl der Kameras nahm zu. Oh man, was hatte ich nur wieder verbrochen?

Geschafft! Ich war an meinem gesteckten Ziel angekommen, und war auch in meinem errechneten Zeitplan
geblieben – wobei Zeit bei so einem Vorhaben keine
tragende Rolle spielen sollte. Und viele wollten mich begrüßen: die einheimische Presse, das kanadische Fernse-
hen, Werner mit seiner Filmkamera und natürlich Jessica
und Mike.

Mike war so nett und übersetzte alle gestellten Fragen
für mich und die Antworten an die Interviewer gleich
mit. In Stichworten berichtete ich von meinem Abenteuer und das mit einem weinenden und einem lachen-
den Auge. Je länger ich Rede und Antwort stehen
musste, desto mehr fragte ich mich, was ich hier überhaupt machte. Am liebsten wäre ich wieder zurückge-
gangen – ich fühlte mich hier völlig fehl am Platz.

Fragen über Fragen.

Gott sei Dank verflüchtigte sich dieses Gefühl schnell wieder. Ich wurde von allen Seiten mit Fragen überschüttet, wie zum Beispiel: Wie viele Bären hast du gesehen? Hast du Wölfe entdeckt und sind sie dir sehr nahe gekommen? Hast du dich auch mal verlaufen? Und die wichtigste Frage: Hattest du denn keine Angst so alleine da draußen im Busch, ohne Gewehr oder Revolver? Ich antwortete auf diese Frage: „Wer mich am Tage sieht, der lässt mich in der Nacht in Ruhe." Mit dieser Antwort wurde das ganze Interview aufgelockert. Auf die Frage, was ich das nächste Mal mitnehmen würde, antwortete ich: „Eine Nagelschere."

Überraschte und nachdenkliche Blicke und das ein oder andere schmunzelnde Gesicht folgten dieser Bemerkung: Eine Nagelschere, wozu das denn? Ich sah die Herrschaften genauso überrascht an und antwortete lächelnd: „Um meine Nägel zu schneiden. Wofür braucht man sonst eine Nagelschere? Innerhalb so vieler Wochen wachsen die Nägel ziemlich lang, ob man will oder nicht."

„Was unternehmen Sie als nächstes, haben Sie schon einen Plan oder eine Idee für ein neues Abenteuer?"

Ich gab eine ehrliche Antwort: „Ich werde als erstes drei Liter schwarzen Kaffee trinken und mindestens vier bis fünf riesige Muffins verdrücken."

Nach einer guten halben Stunde löste sich der kleine Menschenauflauf auf und meine kanadischen Freunde begleiteten mich in das nächste Café, wo ich endlich meinen Koffeinhaushalt ausgleichen konnte.

Es gab natürlich viel zu erzählen, mir war bis dahin überhaupt nicht bewusst gewesen, wie viele Fragen man stellen kann. Mir war aber auch nicht klar, wie es die Menschen im Café mit mir aushalten konnten, denn mein Körpergeruch ähnelte dem Duft eines verwesten

Bibers. Mit jedem Schluck des schwarzen Kaffees drückte es mir den Schweiß aus den Poren, der sogar ungehindert durch meine Sachen drang.

Jessica und Mike mussten noch ein paar Dinge in der Stadt erledigen und wollten mich anschließend abholen, um mich mit zu ihnen nach Hause zu nehmen. Es dauerte ungefähr eine Stunde, bis sie wieder ins Café zurückkamen und ich war in dieser Zeit keine Minute für mich alleine am kleinen Tischchen gewesen. Die Nachricht, dass ich gesund und munter in Whitehorse angekommen war, verbreitete sich wie ein Lauffeuer. Jung und Alt, männlich und weiblich – alle gratulierten mir zu meinem waghalsigen Abenteuer. Selbst das Personal des Cafés schloss sich an und wollte unbedingt ein Foto mit mir und dem Team machen. Was tut man nicht alles für einen Kaffee und einen Muffin …

Nun kamen Jessica und Mike zurück und dann saß ich seit 34 Tagen das erste Mal wieder für eine Strecke von zwanzig Kilometern in einem Auto. Dies war für den Moment sehr gewöhnungsbedürftig für mich.

An ihrem Haus angekommen, ging die Begrüßung nahtlos weiter. Die zwei Hunde rannten mich fast um vor Freude und wichen keinen Zentimeter mehr von meiner Seite. Ich denke, das lag weniger an meiner Person, sondern war meinem Körpergeruch geschuldet. Deshalb wollte ich jetzt nichts anderes als mit viel Seife und Shampoo unter die heiße Dusche, damit ich wieder wie ein Mensch roch. Natürlich nur für meine Mitmenschen, ich konnte mich schon immer gut „riechen".

Am heutigen Abend gab es seit meinem Aufenthalt auf der Pelly Farm wieder mal ein Essen aus einer richtigen Küche, mit Teller und Besteck, und das auch noch an einem Tisch und nicht auf der Isomatte.

Dies war die drittletzte Nacht in Whitehorse, und dazu in einem weichen und warmen Bett, welch ein Genuss. Vor allem, wenn man weiß, dass man am nächsten Morgen nicht mehr auf den Trail muss. Der Gedanke tat einerseits gut, schmerzte aber auch ein wenig. Sicherlich würde ich noch lange von diesem Abenteuer zehren können und der ganze Trip wird mir im Gedächtnis bleiben. Besonders nachts, wenn ich zur Ruhe gekommen bin.

Am Freitagmorgen fuhr mich Jessica in die Stadt, wo ich noch zwei Tage im Hotel verbringen wollte. Schließlich musste ich noch ein paar Andenken kaufen. Aber nicht nur wegen der kleinen Geschenke, nein, ich wollte noch andere Freunde treffen und ihnen ein bisschen von meinem Abenteuer erzählen.

Meine Freunde aus Whitehorse.

Wir trafen uns am Abend im Hotel zum Essen und hatten sehr viel Spaß miteinander. Zu guter Letzt überreichten sie mir noch einen stolzen Geldbetrag von fast dreihundert kanadischen Dollars für meine Spendenaktion für die Fanconi-Anämie-Hilfe. Ich hatte mir vorgenommen, jeden gelaufenen Kilometer zu verkaufen und den Erlös zu spenden. Zu diesem Zeitpunkt wusste ich natürlich noch nicht, wie hoch der Betrag genau war, nur dass er im vierstelligen Bereich lag. Ich möchte mich an dieser Stelle noch mal bei allen Spendern ganz herzlich bedanken.

Ich könnte noch über jede Stunde, die ich in Whitehorse verbracht habe, einige Sätze schreiben, aber ich war ab jetzt nur noch ein ganz normaler Tourist. So kam ich mir jedenfalls vor.
Der Tag des Abschieds war dann bald gekommen und ich war mir noch nicht im Klaren darüber, wie es mir in der Heimat ergehen würde. Sicherlich würde ich in kürzester Zeit wieder im Hamsterrad integriert sein und mir schon wieder den nächste Abenteuertrip ausdenken. Es wäre ja nicht normal bei mir, wenn es nicht so wäre.

Nun möchte ich noch einmal kurz Revue passieren lassen, wieso und warum ich mich solchen Strapazen aussetze.
An erster Stelle ist es wohl die Abenteuerlust, die ich schon bei der Planung am ganzen Leib verspüre. Wenn diese Phase abgeschlossen ist und es fällt der Startschuss, dann kommen auf einmal ganz andere Gefühle mit ins Spiel. Es kommt dann auch die Frage auf: Komme ich zurecht in der Einsamkeit, besonders für diesen langen Zeitraum, wo ich ja vorher nicht weiß, was alles passieren kann?

Ich lernte bei diesem Trip, auf meinen eigenen Körper zu hören. Ich habe mir bewiesen, dass der Kopf das Allerwichtigste ist, denn unser Gehirn steuert unseren Körper. Aber das Bauchgefühl sollte man nicht außer Acht lassen. Gerade in den brenzligen Situationen höre ich auf meinen Bauch, auf den ich mich immer verlassen kann. Der Volksmund sagt nicht umsonst: „Ich habe ein komisches Bauchgefühl", wenn eine Situation auf einen zukommt, die nicht ganz geheuer ist.

Die Einsamkeit war wohl die größte Herausforderung, mit der ich fertig werden musste. Dies ist nicht ganz einfach zu trainieren. Ich hatte aber mit der Einsamkeit kein Problem. Im Gegenteil, ich habe in all den Jahren meines Abenteuerlebens gelernt, mit ihr umzugehen und die Einsamkeit als meinen Freund zu betrachten.

Die Angst vor großen Tieren ist auch so eine Sache, über die sich mancher vielleicht Gedanken macht. Ich frage mich nur, welche großen Tiere? Elefanten und Nashörner wurden in diesen Breitengraden noch nicht gesichtet und ich habe auch keine gesehen. Also wovor soll ich denn Angst haben? Die Bären halten ihre Winterruhe, die Wölfe leiden zum Glück nicht an Geschmacksverirrung und die Elche sind in den Wintermonaten nicht aggressiv den Menschen gegenüber.

Viel gefährlicher ist das Eis, auf dem ich mich viele Tage und Nächte bewegte. Manchmal fragte ich mich: Was wird geschehen, wenn es bricht und ich bis zum Hals im eisigen Nass lande? Zieht mich die Strömung gleich unter die geschlossene Eisdecke oder schaffe ich es, wieder auf das Eis zu kommen? Um ehrlich zu sein, hatte ich nur einmal diesen Gedanken, ungefähr zwei Kilometer vor Whitehorse, denn dort war das Eis sehr, sehr dünn. Die Fallen der Trapper, die sie in den Wintermonaten stellen, wären unter Umständen eine größere Gefahr gewesen. Dies war einer der Gründe, warum ich nachts nur selten meinen Weg fortsetzte. Ein falscher Tritt und man landet in so einem Fangeisen, was mit Sicherheit eine schmerzhafte Erfahrung ist.

Schließlich kann ich jedem Abenteurer nur empfehlen, sich mal auf so einen Trip einzulassen. Denn wie sagt schon ein altes Sprichwort, das sich bis zum heutigen Tage bewährt hat:

> *„Ob eine Sache gelingt,*
> *erfährst du nicht,*
> *wenn du darüber*
> *nachdenkst, sondern,*
> *wenn du es ausprobierst"*

Zum Schluss noch eine kurze Zusammenfassung meiner kleinen Küche: Insgesamt habe ich zehn Kilogramm Schokolade verdrückt, ein Kilo Blütenpollen und ein Kilo Nackthafer. Je fünfhundert Gramm Buchweizen und Leinsaat.

Ein Kilogramm würzige Pfefferbeißer, ein gekochtes Huhn, ein Kilo eingelegter Lachs. Fünfzehn Packungen Travellunch je zweihundert Gramm. Fertiggerichte mit Pasta und Püree ebenfalls fünf Packungen. Ein Kilogramm Chokis für den Nachtisch oder als Betthupferl.

Die Mahlzeiten, die ich zusätzlich bekommen habe, sind natürlich nicht mitgezählt. Ich habe somit 21 Kilogramm Lebensmittel dabei gehabt und verzehrt, das sind durchschnittlich eineinhalb Kilogramm pro Tag. Die perfekte Diät!

Quellennachweis

[1]: http://de.wikipedia.org/wiki/Fairbanks
[2]: http://de.wikipedia.org/wiki/Eagle_(Alaska)
[3]: http://de.wikipedia.org/wiki/Forty_Mile_(Yukon)
[4]: http://de.wikipedia.org/wiki/Dawson_(Yukon)

Bilder, die mich bewegten

Meine Ausrüstung.

Abendstimmung.

Eines von vielen Nachtlagern.

Heute fährt kein Bus.

Ein Luchs in der Falle.

Ein Elchkalb in Freiheit.

Ein Huhn, das keine goldenen Eier legt.

Oh Tannenbaum, oh Tannenbaum.

Ohne Worte.

Ohne Worte.

Morgen ist alles wieder trocken.

Blütenpollen geben Power.